ARGELIE,

REYNE

DE THESSALIE.

TRAGEDIE.

D'''Nᵒ 3371.

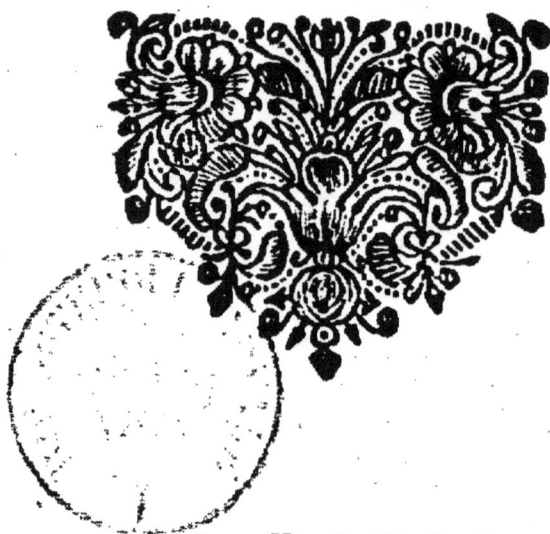

A PARIS,

Chez CLAUDE BARBIN, au Palais,
ſur le ſecond Perron de la S. Chapelle.

M. DC. LXXIV.
AVEC PRIVILEGE DV ROY.

A MADAME
LA DVCHESSE
DE
BOÜILLON.

M *AD AME,*

Ie ne diray point à
Vôtre Alteſſe *que j'ay*

balancé longtemps avant que d'oser mettre son Nom à la teste de cet Ouvrage : De quelque temerité dont elle accuse la pensée que j'en ay euë, j'avouë que je n'en ay jamais eu d'autre. I'avois besoin d'une grande protection ; & la generosité, qui vous est si naturelle, me donnoit lieu d'esperer que je pourrois obtenir la vôtre.

D'ailleurs, MADAME, on sçait que V. Altesse s'est si fort declarée pour Argelie, qu'elle est en quelque façon obligée à la soûtenir. On sçait que vos aplaudissemens ont fait tout son prix ; que

les larmes dont vous l'a-
vez honorée, luy ont at-
tiré tous les suffrages
qu'elle a reçeus ; & enfin
qu'elle ne vaut que ce
que vous l'avez fait va-
loir.

En effet, MADAME,
les Esprits les plus dé-
licats ont mieux aimé
avoüer avec Vous, qu'-

elle estoit digne de leur estime, que de s'opposer au jugement que vous en aviez fait.

C'est ce qui m'a engagé à vous l'offrir, pour la faire approuver de tout le Monde; & pour vous donner une marque publique de ma reconnoissance, & du pro-

EPISTRE.

fond respect avec lequel je suis,

MADAME,

DE VOSTRE ALTESSE,

Le tres-humble & tres-obeïssant Serviteur,

A BEILLE.

PREFACE.

L E Sujet de cette Tra-
gédie est assez inconnu.
Je l'ay pris dans Suidas;
& Suidas, quelque rang qu'il
tienne parmy les Sçavans, n'est
guére plus connu dans le Monde
que le Sujet qu'il m'a fourny. Je
n'y ay pris que le nom d'Argelie,
celuy de son Royaume, & l'autheur de sa mort, qui fust un
Prince d'Argos qu'elle avoit fait
mettre en prison ; encore ay-je

retranché une lettre du nom de cette Reyne, afin qu'il fût moins rude à prononcer. Voila tout ce qu'il y a d'hiſtorique dans ma Fable.

Il n'eſt pas neceſſaire de répondre aux ſcrupules de tous ceux que le ſuccés de cette Tragédie a mis en mauvaiſe humeur. Quelques-uns de ces ſcrupules ſont ſi malfondez, qu'ils ne méritent pas qu'on s'applique à les détruire. Je connois des Gens qui ſe vantent d'avoir lû quatre fois la Poëtique d'Ariſtote ; & qui ſoûtiennent que dans les Principes de ce Philoſophe, Argelie donnant le nom à la Piece, doit attirer ſur elle toute la pitié des

Spectateurs. On peut connoiftre par là s'il eft vray qu'ils ayent jamais lû Ariftote.

Pour ceux qui ont crû que le troifiéme Acte eftoit inutile, & que la fterilité de mon Sujet m'avoit fait différer jufqu'au cinquiéme la declaration d'amour qu'Ifmene devoit faire dés le troifiéme à Phœnix, lors qu'elle luy veut faire quitter la Cour : Je les prie de me dire quel jugement ils feroient de la vertu d'Ifmene, fi une heure aprés le choix d'un Epoux, elle parloit d'amour à fon Rival. Cette indécence ne fe trouve pas au cinquiéme Acte. Ifmene femble devoir alors cét aveu à l'amour d'un Prince defef-

peré, qui vient mourir à fes piez
pour fon Epoux & pour elle. Elle
croit toucher elle-méme au dernier moment de fa vie; & dés
qu'elle a avoüé fon amour, elle
preffe qu'on luy abrege ce dernier moment, pour vanger fon
Epoux du tort qu'un aveu de
cette nature vient de luy faire.

Mais je n'ay pas eu, dit-on, les
mémes égards par tout pour la
vertu d'Ifmene. Je luy fais facrifier Timagene à la feûreté de
Phœnix. Elle devoit obliger ces
deux Princes à la fuite, & fe tirer
ainfi de la fâcheufe neceffité de
les perdre tous deux, ou de trahir
l'un pour l'autre. C'eft le moyen
dont elle a dû fe fervir, je l'avoüé.

Et ne s'en fert-elle pas? Ne leur envoye-t-elle pas par Dione un ordre preffant de fuir? Et n'auroient-ils pas reçeu cét ordre, s'ils n'euffent efté déslors au pouvoir de la Reyne?

Il eft inutile de m'objecter que je devois ménager les chofes de telle maniere, que cét ordre leur fuft porté, lors qu'ils eftoient encore en état d'y obeïr, & que c'eftoit la premiere chofe qu'Ifmene devoit tenter pour tirer fes Amans d'affaire. Son premier devoir, felon toutes les maximes de l'honneur & de la prudence, a efté de confentir à fon mariage avec un des Rois étrangers, avant que de condamner fes

Amans à un exil qui ruinoit leur
fortune. Elle a dû croire raifon-
nablement que ce confentement
fuffiroit pour appaifer tout le
courroux de fa Sœur. L'obftina-
tion de la Reyne rend ce premier moyen fans effet. Ifmene
effaye l'autre. Elle s'y prend trop
tard ; mais elle n'a pas dû s'y
prendre plutoft. C'eft là la fource
de fon embarras, & de toutes les
paffions qui animent le refte de
la Piece.

Quoy qu'il en foit, quand je
voy des Perfonnes d'un difcer-
nement jufte, & d'un mérite ex-
traordinaire, s'intéreffer dans les
évenemens de cette Tragédie;
s'y récrier de bonne-foy, & fe

faire un plaisir des larmes ,qu'elles répandent, je ne me puis repentir de l'avoir faite; & j'avouë
que j'auray bien de la peine à
m'empécher d'en faire d'autres.

ACTEURS.

ARGELIE, Reyne de Thessalie.

ISMENE, Sœur d'Argelie.

PHOENIX, Prince de Thessalie.

TIMAGENE, Prince originaire d'Argos.

ARCAS, Capitaine des Gardes d'Argelie.

CLEON, Confident de Phœnix.

CLYTIE, Confidente d'Argelie.

DIONE, Confidente d'Ismene.

GARDES.

*La Scene est à Larisse, dans
le Palais Royal.*

ARGELIE,
REYNE DE THESSALIE.

TRAGEDIE.

ACTE PREMIER.
SCENE PREMIERE.

ARGELIE, CLYTIE.

ARGELIE.

ARDES, faites venir Phœnix, & Tima‑
gene,
Vous, Clytie, approchez, Hé bien? que
fait Ilmene?
L'intérest de l'Estat, son devoir, ma
rigueur,
Rien ne peut-il fléchir cette infidelle Sœur?
Ne se rend-elle pas?

CLYTIE.

Nen doutez plus, Madame,
L'ardeur de tant de Rois n'échauffe point son ame;
Et quoy qu'à sa prison vous adjoûtiez d'affreux,
Vous n'obtiendrez jamais qu'elle écoute leurs vœux;
Mais avec quelque excés que vous l'ayiez punie,
Captive, & de vos yeux depuis deux ans bannie,
Toûjours dans le respect, malgré vôtre courroux,
Elle se plaint du Sort, sans se plaindre de vous,
Sa vertu jusqu'icy ne s'est point démentie.

ARGELIE.

Il n'est pas encor temps : ce temps viendra, Clytie,
Quand de ce cher Amant, qui l'attache en ces Lieux,
Elle verra le sang rejaillir à ses yeux;
Que les miens à loisir joüissant de sa peine,
Sur ce sang trop chery promeneront leur haine.
Quels cris alors! quels coups à son cœur abattu!
Que de plaintes! C'est là que j'attens sa vertu.
C'est ce qu'à son amour ma vengeance prépare.

CLYTIE.

Quóy, de ce cœur glacé l'amour enfin s'empare,
Madame? Ismene a pû changer de sentiment?

ARGELIE.

Elle aime; & la perfide a trop peu d'un Amant.
Deux Traistres, deux Ingrats, dâs ma Cour, à ma veuë,
Brûlent pour ses beautez d'une flâme imprèveuë;
Et luy font chaque jour mille hommages secrets
Du mépris outrageant des biens que je leur faits.
Je ne dis rien de trop. Leur intrigue est certaine,
Je sçay tout. C'est Phœnix, enfin c'est Timagene.

CLYTIE.

Eux que la Thessalie, avec un œil jaloux,
Voit par vôtre faveur placez si prés de vous?

ARGELIE.

Timagene! Tu sçais avec quelle indulgence
J'ay presqu'à sa fortune asser vy ma puissance.
Pour luy seul je regnois. Estime, soins, honneurs,
Tout, j'ay tout prodigué, pour vaincre ses froideurs.
Helas! à l'aveu prés, qu'ay-je pû davantage?
Chaque jour mon ardeur se peint sur mon visage:
Chaque jour me flatant, par une indigne erreur,
Qu'un soûpir m'ouvrira les chemins de son cœur,
Je sens, je sens le mien prest à trahir ma gloire;
Et chaque jour l'Ingrat ignorant sa victoire,
Ou d'un regard forcé l'avoüant à regret,
Dans ma bouche indiscrette arreste mon secret.
C'est peu. Pour l'attacher à son indiférence,
J'ay crû que d'un Rival il craindroit la presence;
Et qu'appellant Phœnix aux emplois de ma Cour,
La jalousie enfin feroit naistre l'amour.
Mais loin que ces égards ébranlent son courage,
Tous deux de ma faveur approuvant le partage,
Et trop d'accord ensemble à rebutter ma foy,
Sont devenus Rivaux pour une autre que moy.
Pour une autre, Clytie? Ah! ma juste colere
Ne peut plus s'arrester : Il faut me satisfaire;
Il faut du sang, il faut .... Mais dy-moy, quelquefois
Quand sur sa resistance à l'hymen de nos Rois,
Ils alloient de ma part la presser de se rendre,
En quelque doux transport n'as-tu pû les surprendre?
Te laissois-tu séduire à leurs déguisemens?
Tu m'as trahie.

CLYTIE.

Helas! Madame, à tous momens;
En tous lieux, à ses pas par vôtre ordre attachée,
Jamais d'aucun amour je ne la crûs touchée:

Auſſi dans leurs diſcours n'avois-je nulle part,
Vous me le defendiez. Souvent à leur depart,
Je voyois ſur leur front la triſteſſe épandüe,
Et la Princeſſe en pleurs ſe cacher à ma veüe.
Il eſt vray: mais bien loin d'en croire mes ſoupçons,
Pour les deſavoüer, j'avois mille raiſons.
Leur pitié, leur chagrin de la voir obſtinée
A braver par caprice un illuſtre hymenée,
Sa miſere, l'ennuy d'un ſi triſte ſejour,
Enfin....

ARGELIE.

Qu'ay-je donc fait? J'ay trahy mon amour.
J'ay de ma propre main, par trop de confiance,
Serré le nœud fatal de leur intelligence;
Et par le libre accés, que je leur ay permis,
J'ay moy-meſme à ma perte armé mes Ennemis.
Perfide Sœur! ô Dieux! que j'eſtois abuſée!
Des plus ſuperbes Rois la flâme mépriſée
Me faiſoit adorer la tranquile vertu
D'un cœur, qui de l'amour n'eſtoit point combattu,
Son repos me piquoit plus que ſa reſiſtance.
J'enviois le bonheur de ſon indiférence:
Et pour l'aſſocier un jour à mon tourment,
Je voulois la contraindre à choiſir un Amant.
Elle a choiſy. Sa flâme enfin s'eſt declarée.
De tout ce que j'aimois elle s'eſt emparée:
Et les premiers appas de ces funeſtes nœuds
L'ont tendüe inſenſible à tous les autres vœux.
Mais quel charme inconnu, quelle force cruelle
Me ravit tous les cœurs, & les porte vers elle?
Mes attraits ſoûtenus du pouvoir ſouverain,
Ne peuvent d'un Sujet me meriter la main?
Et ma Captive, au rang où ma haine l'abaiſſe,
Voit que pour ſes beautez tout l'Univers s'empreſſe?

Qu'à ses moindres regards tout se laisse enflâmer?
Helas! & je croyois qu'elle ne pût aimer!
Non, quoy que de l'amour on semble se défendre,
Quãd on en peut dõner, on est bien prés d'en prendre,
Et l'on passe bientost, sans beaucoup s'allarmer,
Du plaisir d'estre aimée, à la douceur d'aimer.
   Mais vangeons-nous, Clytie, & cherchons une peine
Digne de leur amour, & digne de ma haine.
Ismene tient encor leurs desirs suspendus.
Sçachons vers qui des deux les siens panchent le plus.
Bornons là ma vengeance, & par un prompt suplice,
A ma bonté bravée offrons ce sacrifice.
L'autre instruit par l'exemple à recevoir ma loy,
Ne balancera point entre la mort & moy.
Car enfin, tu le sçais, le Peuple veut un Maistre.
En vain par mon hymen cent ont prétendu l'estre.
Mon cœur du rang suprême uniquement jaloux,
A traité d'Ennemis ces prétendus Epoux;
Et de l'Amour alors ignorant les surprises,
J'ay dans leur propre sang éteint leurs entreprises:
Mais que pour se vãger l'Amour préd bien son temps!
Il me force d'aimer, quand je n'ay plus d'Amans.
Donnons un Roy du moins à ce Peuple volage:
Contentons à la fois mon amour & ma rage:
Et portant à ma Sœur les plus sensibles coups,
Immolons son Amant, s'il faut prendre un Epoux.

CLYTIE.

Vôtre rigueur est juste aprés tant de tendresses:
Mais....

ARGELIE.

   Ne réveille point mes premieres foiblesses,
Ma main, pour en bannir le souvenir honteux,
Peut-estre au lieu d'un Traistre, en immoleroit deux;

Peut-eftre un mefme fort envelopant Ifmene....
Que fçay-je? Tu connois la fource de ma haine,
Mon Pere, fi la mort n'euft trompé fes deffeins,
Euft laiffé, malgré moy, le Sceptre entre fes mains.
Tu fçais, que méditant cet injufte partage,
Pour moy des Rois voifins il mandioit l'hommage.
Il les follicitoit de m'unir à leur rang,
Pour m'éloigner d'un Trône où m'appelloit le fang.
Mon âge, & mon bonheur, m'ont fait rendre juftice:
Mais s'il faut qu'à l'orgüeil l'amour enfin s'uniffe,
Et que, pour m'arracher du fein de mes Eftats,
L'ambition d'Ifmene ait féduit mes Ingrats;
Que ne dois-je point craindre? & fousquelle affurance
Luy laiffay-je nourrir fon feu dans le filence?
Qu'il éclate. Il eft temps. Elle aura quelque égard
A l'ordre qu'elle a dû recevoir de ma part,
D'éteindre par fon choix nos haines mutuelles,
D'aimer en liberté.... Mais voicy mes Rebelles.

SCENE II.

ARGELIE, PHOENIX, TIMAGENE, CLYTIE.

ARGELIE.

PRinces, je le voy bien, nos foins font fuperflus.
Ifmene eft toûjours ferme en fes premiers refus:
Plus on parle d'hymen, moins elle s'y difpofe,
Je n'en fuis plus furprife. Enfin j'en fçay la caufe;
Et je vous ay mandez, pour prendre vos avis.
Ce font, depuis trois ans, les feuls que j'ay fuivis:

par vous seuls je résous, & par vous seuls j'ordonne;
Je vous ay confié ma Sœur, & ma Couronne.
Vous sçavez mieux que moy quels sont nos interests,
Jugez-en. La Princesse a des Amans secrets.

TIMAGENE.

La Princesse, Madame?

PHOENIX.

O Dieux! se peut-il faire,
Qu'en l'état....

ARGELIE.

Ce n'est point un soupçon temeraire;
Oüy, deux Amans secrets, en pleine liberté,
Chaque jour contre moy revoltent sa fierté;
Et malgré tous les vœux de Sparte. & de Mycene,
Au gré de leur amour disposent de sa haine.
Elle sur ses Captifs ménageant son pouvoir,
Avec un soin pareil balance leur espoir;
Paroist de tous les deux également charmée.
Timagene, Phœnix, suis-je bien informée?

PHOENIX.

Oüy, je vous l'avoûray, Madame, & sans effroy.
Nous aimons; ou plutost je n'accuse que moy:
J'aime; & ce qui me rend plus digne de suplice,
J'ay déguisé mon feu sous un lâche artifice.
Je devois à vos yeux, aux yeux de mes Rivaux,
Déployer mon amour, & vanter mes travaux.
Mille fameux exploits, mille heureuses fatigues,
Vos bontez envers moy, depuis trois ans prodigues;
Vos discours, vos regards, un si facile accés,
Tout sembloit m'animer à l'espoir du succés.
Mais doublement ingrat à vous, à ma Princesse,
J'ay trahy vos desseins, j'ay caché ma tendresse.
Mon secret a sur elle attiré tous vos coups.
Vous l'auez découvert, vangez-la, vangez-vous,

A iiij

Il faut...

ARGELIE.

Je vous entens, Phœnix. Vous, Timagene,
Parlez.

TIMAGENE.

Si c'est un crime, helas! qu'aimer Ismene,
Je ne puis m'en défendre, & veux bien m'en loüer;
Mon crime est trop charmant pour le desavoüer.
Je sçay que cet aveu rend ma perte assurée.
Je connoy dans vos yeux que vous l'avez jurée.
Je voy que je me livre à tout vôtre courroux:
Mais, Madame, du moins qu'il expire avec nous,
Cessez de regarder Ismene en Ennemie.
Helas! dans son devoir ses maux l'ont affermie.
Nos bras cent fois offerts à vanger sa prison,
N'ont pû contre vos Loix revolter sa raison.
Toûjours nous conjurant de vous estre fidelles,
Elle oppose ses pleurs à nos projets rebelles.
Elle fait plus. Le soin du repos de la Cour
Luy fait entre nous deux suspendre son amour,
Et sans ressentiment de se voir opprimée,
Son unique regret, c'est d'estre trop aimée.
C'est là son crime. Helas! pour peu qu'on ait d'attraits,
Qu'on pardonne aisément de semblables forfaits,
Madame! & plût au Ciel, que ce ferme courage
Qu'avec tant de beauté vous eustes en partage,
Vous eust mis, pour flater la peine des Amans,
Un peu moins au dessus des tendres sentimens!
Que ce cœur maintenant insensible à nos plaintes,
Eust senty de l'amour quelques foibles atteintes!
Loin de voir aujourd'huy nôtre espoir combattu...;
Mais tant de vains souhaits blessent vôtre vertu.
Cette austere vertu, que vous suivez pour guide,
Vous montre dans la gloire un plaisir plus solide,

Et de vôtre grande ame épurant les desirs,
La rend inaccessible aux amoureux soûpirs.
Nos tourmens sont pour vous d'inutiles allarmes:
Mais quoy? je voy vos yeux prêts à verser des larmes?
Le croiray-je, que las de nous laisser souffrir,
Ces yeux sur nos malheurs daignent enfin s'ouvrir?
Que deux Sujets,...

ARGELIE.

Cedons, cedons à la Nature,
Dont j'ay jusqu'à ce jour étouffé le murmure,
C'est trop dissimuler mon déplaisir secret.
Non, Princes, je ne hais Ismene qu'à regret,
En la faisant souffrir, je partage sa peine;
Et je gémis en Sœur, quand je punis en Reyne,
Un intérest d'Estat, plus puissant sur mon cœur,
M'inspiroit, malgré moy, cette injuste rigueur.
Mais enfin vôtre aveu, sa tranquile constance,
N'ont que trop reparé sa desobeïssance.
Maistresse d'elle-mesme, elle peut desormais
Se choisir un Epoux au gré de ses souhaits.
Obligez son amour à vous faire justice:
C'est toute ma vengeance, & tout vôtre suplice,

PHOENIX.

Quel effort imprêveu, quel excés de bonté
Vous rend si favorable à ma temérité?
D'un feu desesperé vous réveillez l'audace:
Vous me comblez de biens, quand je demande grace?

TIMAGENE.

Ah! Madame, du moins souffrez qu'à vos genoux,
Aprés tant de bontez.....

ARGELIE.

Non, Princes, levez-vous,
Ismene vient. Gardez tous ces respects pour elle,
Ah! pourquoy me cacher une flame si belle?

De combien de douceurs vous estes-vous privez?
Mais vous ne sçavez point tout ce que vous pouvez,
Découvrez qui de vous est maistre de son ame;
Si nos Rois sont trompez, j'en prens sur moy le blâme;
Et leurs Ambassadeurs, que je vais assembler....
Mais dans vos entretiens je ne veux rien troubler.
Ma Sœur envisageant sa fortune changée,
Auroit entre nous trois l'ame trop partagée,
Elle vient. Elle a sçeu toutes mes volontez.
Il suffit.

TIMAGENE.
O momens si longtemps souhaitez!

<hr/>

SCENE III.

ISMENE, PHOENIX, TIMAGENE.

PHOENIX.

Madame, il n'est plus temps de plaindre vos mi-
 seres;
D'accuser auec vous les Destins trop seueres;
De s'offrir à vanger vos appas outragez;
Le Ciel plus favorable enfin les a vangez.
Au courroux d'une Sœur vous n'estes plus en proye;
Vôtre retour par tout va répandre la joye.
Il n'est plus en ces Lieux de malheureux que nous,
Rendez-nous la pitié que nous eûmes pour vous.
Puis qu'à nôtre bonheur il n'est rien qui s'oppose,
Daignez finir des maux, dont vous estes la cause;
Et ne refusez pas à nos fidelles cœurs,
Le remede, & le prix de deux ans de langueurs.

ISMENE.

Oüy, Princes, je sçay trop que la reconnoissance
M'oblige à couronner enfin vôtre constance.
Tant de Rois, que pour vous mon ame a dédaignez,
Vous disent assez haut que vous seuls y regnez.
Je ne m'en défens point. Heureuse en mes disgraces,
Si vous seuls de mes feux eussiez connu les traces:
Mais la Reyne a percé mon secret malgré moy;
Et si je sors des fers, ce n'est qu'avec effroy.

Ces Lieux où je reçeus autrefois la naissance,
Ces Lieux que je revois aprés deux ans d'absence,
Ces mesmes Lieux baignez si souvent de mes pleurs,
Rappellent à mes yeux ses premieres rigueurs;
Et de mes maux passez me retraçant l'image,
N'offrent à mon esprit qu'un funeste présage.
Ah! si vous ne voulez redoubler mes tourmens,
Accordez à ma crainte encor quelques momens,

TIMAGENE.

Quelques momens! ô Ciel! quel suplice plus rude,
Que de vous voir toûjours pleine d'inquiétude,
Suspendre sur mon cœur incertain de son sort,
Et l'espoir de la vie, & l'horreur de la mort?
Que de voir dans vos yeux le feu qui vous consume,
Sans pouvoir me flater que c'est moy qui l'allume?
Sans oser prendre part à ces tendres soûpirs,
Qu'd'un Rival peut-estre approuvent les desirs?
Ah! plutost que languir dans ce doute funeste,
Tranchez d'un prôpt refus tout l'espoir qui me reste;
Accablé du chagrin de ne vous plaire pas,
Je sçauray m'en guerir au moins par mon trépas;
Et si vôtre pitié de mon trépas émeuë,
Ne peut sans soûpirer en soûtenir la veuë,
J'auray du moins la joye, en signalant ma foy,
Que ces tristes soûpirs ne seront que pour moy.

ISMENE,

Que dites-vous? ô Ciel! que je suis donc à plaindre?
Je n'avois jusqu'icy qu'une Ennemie à craindre,
Je ne me défiois que des traits d'une Sœur,
Et ne redoutois pas vôtre propre fureur.
Quoy? vôtre desespoir se fait déja connoistre?
Vous voulez que mon choix aide à le faire naistre?
Que d'une main suivant un Epoux à l'Autel,
De l'autre à son Rival je porte un coup mortel?
Et vous me connoissez, Princes? Non, si mon ame
N'a que l'un de vous deux pour objet de sa flâme,
L'estime que je dois à vos soins généreux,
Au defaut de l'amour, me parle pour tous deux;
Et puis qu'enfin mon choix doit faire un misérable,
Je ne sçaurois choisir, sans me rendre coupable?

PHOENIX.

Hé bien! vous verrez dóc, puisque vous l'aimez mieux,
Deux Amans expirer de douleur à vos yeux.
Il faut à vos rigueurs une double victime.
Vous l'aurez: mais helas! sera-ce un moindre crime,
Si de nos tristes cœurs desesperant les feux,
Pour en ménager un, vous les perdez tous deux?
Car enfin que peut-il nous rester d'esperance,
Si toûjours résolvë à ce cruel silence,
Quand tout sur nôtre sort vous oblige à parler,
Vôtre bouche s'obstine à ne rien démêler?
Quand parlerez-vous donc, s'il faut encor vous taire?
Ah! tandis qu'à nos vœux une Reyne contraire,
Pour tirer un aveu conforme à ses desirs,
Avec vôtre personne enchaisnoit vos soûpirs,
J'ay veu, vous le sçavez, j'ay veu sans défiance,
Vôtre amour se cacher à nôtre impatience.
Mais libre, triomphante, aprés tant de combats,
Vous pouvez d'un seul mot.... Belle Princesse, helas!

Pardonnez ce reproche à des ames ingrates;
Qu'eſt devenu l'amour, ſi jamais vous aimâtes?;
Si jamais cette ardeur,....

ISMENE.

Cruels, vous en doutez?
Rendez, rendez-moy donc les fers que j'ay portez.
Tant de nuits, tant de jours conſumez dans les larmes,
N'ont pû calmer encor vos injuſtes allarmes?
Il faut d'un nouveau ſort ſubir la cruauté,
Perdre le jour peut-eſtre apres la liberté.
N'importe. Sur la foy de vos eſprits credules,
Ma prudence endormie étouffe ſes ſcrupules.
Vous ſerez ſatisfaits. Les Dieux me ſont témoins,
Ou de vous, ou de moy, pour qui je crains le moins,
Je veux croire....

TIMAGENE.

Ah! croyez les larmes qu'une Reyne,..:

ISMENE.

Je croy tout, puis que c'eſt terminer vôtre peine;
Puis qu'il m'eſt defendu de ſuſpendre mon choix;
Puis qu'aprés vos ſermens redoublez tant de fois,
L'amitié qu'en mes mains vous vous eſtes jurée,
Contre ce dernier coup doit eſtre preparée....
Mais ô Dieux! quels regards! Princes, je le voy bien,
Où regne tant d'amour, l'amitié ne peut rien.
Je voy que la douleur, dont vôtre ame eſt ſaiſie,
Réveille en ce moment toute ſa jalouſie.
Je voy que de vos cœurs les divers mouvemens..:;
Non, vous vous haïriez malgré tous vos ſermens,
Qu'allois-je faire! helas! permettez....

TIMAGENE.

Ah! Madame,
Quel plaiſir prenez-vous à déchirer mon ame?
Nous vous jurons encor,....

PHOENIX.

Oüy, que les justes Dieux
Nous fassent l'un & l'autre expirer à vos yeux,
Madame, si jamais la moindre jalousie
Arrache de nos cœurs l'amitié qui nous lie.
Ne craignez rien, Parlez. Dites qui de nous deux
A pû.....

ISMENE.

Vous le voulez, Princes, & je le veux,
Timagene, Phœnix, au moins j'y suis forcée.
Mon ame, malgré moy, vous ouvre sa pensée;
Mais puis qu'il faut enfin declarer mon Amant,...

SCENE IV.

ISMENE, PHOENIX, TIMAGENE, CLYTIE.

CLYTIE.

La Reyne attend, Madame, avec empressement,...;

ISMENE *parlant à l'oreille à Clytie.*
Clytie.

PHOENIX.

Elle luy parle, Helas! que luy dit-elle?
Que je crains!

TIMAGENE.

Que je souffre une peine cruelle!

ISMENE.

Princes.

PHOENIX.

Madame, hé bien! cet Amant glorieux?
Mais quel torrent de pleurs échape de vos yeux?

TIMAGENE.

Que vois-je?

ISMENE.

Princes, non, je ne m'y puis résoudre,
N'en parlons plus.

TIMAGENE.

Madame, ô Dieux! quel coup de foudre!

PHOENIX.

Dans quel nouveau chagrin vôtre esprit replongé....
Clytie, helas! la Reyne auroit-elle changé?
Peut-elle....

ISMENE.

Ah! mes soupçons luy faisoient injustice,
Croyez-en mes sanglots, plutost que mon caprice.
J'avois tort. Elle m'aime, & je n'en doute pas.
Je vay m'abandonner moy-mesme entre ses bras,
C'est ma Sœur, & sa haine à jamais amortie....

TIMAGENE.

Mais quel autre Ennemy....

ISMENE.

Retirons-nous, Clytie,
Avant que luy parler, laisse-moy quelque temps,
Appaiser de mon cœur les confus mouvemens.
Vous, Princes, avant moy, ne voyez point la Reyne;
Et reglez vôtre amour sur l'excés de ma peine.
Adieu.

PHOENIX.

Quel ordre! ô Ciel! quels funestes adieux!
Madame....

TIMAGENE.

Obeïſſons, & ſortons de ces Lieux,
L'ordre eſt dur : mais enfin Iſmene nous l'impoſe.
Allons unir nos ſoins pour en ſçavoir la cauſe;
Pour vaincre l'Ennemy. qui nous a traverſez,
Aimons-nous, aimons-la, Seigneur, & c'eſt aſſez,

Fin du Premier Acte.

ACTE II.

SCENE PREMIERE.

ISMENE, CLYTIE, DIONE.

ISMENE.

OU me vas-tu conduire? & de quel œil,
    Clytie,
Pourray-je envisager une Sœur ennemie,
Dont la fausse douceur m'invitant à
    parler,
Ne cherche mon Amant que pour se l'immoler?
O Ciel! loin de prévoir un si lâche artifice,
Sans toy, je le livrois moy-mesme à son suplice.
J'allois parler. Son nom m'estoit presqu'échapé.
J'aurois conduit la main, dont on l'auroit frapé.
J'en frémis : mais helas! lors que je t'ay pressée,
De m'avoüer le coup dont j'estois menacée,
Ta timide pitié n'osoit me secourir ;
Tu balançois, Clytie, & me laissois périr.

CLYTIE.

J'ay balancé: mais quoy? que pouvois-je moins faire,
D'un secret important seule dépositaire,

B

Au point de le trahir, ne vous étonnez pas,
Si ma fidelité rendoit quelques combats.
Des Princes vos Amans craignant la violence,
Madame, je n'ofois parler en leur prefence.
Vous m'avez prife à part, & vôtre jufte peur
De ma pitié trop lente a réveillé l'ardeur,
Je vous ay dit tout bas le deffein qui fe trame,
Je vous le dis encor, fi vous parlez, Madame,
Vôtre Amant eft perdu: mais j'ofe dire plus,
Si vous ne parlez pas, ils font tous deux perdus,

ISMENE.

Tous deux?

CLYTIE.

N'en doutez pas, Leur mort eft réfolüt,
Vous fçavez à quel point la Reyne eft abfolüe,
Mille Bras toûjours préts à fervir fa fureur....

ISMENE.

Helas! je ne le fçay que trop pour mon malheur,
Je voyois bien qu'enfin toute ma prévoyance
Seroit un vain fecours contre fa défiance,
Qu'il eftoit malaifé qu'au milieu de fa Cour,
Je pûffe aimer longtemps, & cacher mon amour,
Pour prévenir l'effet de mes triftes préfages,
De fes deux Favoris j'acceptay les hommages,
Clytie, & les traitant tous deux également,
Entre ces deux Héros, je cachay mon Amant.
Vaines précautions! J'efpérois que la Reyne
Sur deux objets fi chers n'ofant fixer fa haine,
Et refpectant en eux les appuis de l'Eftat,
La fufpendroit longtemps avant qu'elle éclatat,
Et qu'enfin fa juftice à tous deux favorable,
Pour fauver l'innocent, fauveroit le coupable,
Que je me fuis trompée! ô Dieux! que je les plains!
Dione, ils périront,

DIONE.

Madame, je le crains,
A répandre du sang la Reyne accoustumée....

ISMENE.

Ils ne périroient pas, s'ils ne m'avoient aimée,
Leur crime est leur amour. Malheureuse, c'est moy,
Qui d'un cruel trépas vay couronner leur foy:
Non, ce n'est point la Reyne à qui je m'en dois prédre,
C'est à moy. De l'amour il faloit me defendre,
Mais à moins que d'avoir un cœur comme le sien,
Peut-on se voir aimée, helas! & n'aimer rien?
Ne déliberons plus. Il est temps que je cede,
A mes malheurs presens il n'est plus qu'un remede.

CLYTIE.

Quoy donc, Madame?

ISMENE.

Il faut, pour sauver un Amant,
M'aller livrer en proye au plus cruel tourment,
Sacrifier ma flâme au repos de sa vie,
Etouffer mon espoir.... Etouffons-le, Clytie,
Il ne m'est plus permis de faire un autre choix,.
Epousons dés ce jour....

CLYTIE.

Qui, Madame?

ISMENE.

Un des Rois,

CLYTIE.

Ah! que ce digne effort va surprendre la Reyne!
Venez, venez tarir la source de sa haine,
Madame, au nom des Dieux armez vôtre vertu,

ISMENE

Mais quoy? c'est donc en vain que j'ay tant côbattu,
Je n'ay donc signalé ma constance, & mon zele,
Que pour me couronner du titre d'infidelle?

Helas! quel autre nom pourront-ils me donner,
Ces Princes trop constans que j'ose abandonner?
Tout leur sera permis aprés ma perfidie,
Mais n'importe. Ils vivront. Ils me devront la vie;
Et j'envisageray mon malheur sans effroy,
Si je sauve leurs jours en leur manquant de foy.
Allons. Que me veut-on?

SCENE II.

ISMENE, ARCAS, CLYTIE, DIONE.

ARCAS.

C'Est la Reyne, Madame,
Qui vient rendre elle-mesme un plein calme á vôtre
　　ame.
Des vœux de tant de Rois ne redoutez plus rien;
Elle a justifié vos refus par le sien.
Sa tendresse pour vous s'est enfin declarée,
De leurs Ambassadeurs la Cour est delivrée.
Ils partent par son ordre, & je viens de sa part
Vous apprendre....
　　　　　ISMENE.
　　　Ah! Clytie, empéchons leur depart,
Tu sçais mes sentimens, tâche avant qu'elle sorte....
Il n'est plus temps.

SCENE III.

ARGELIE, ISMENE, ARCAS, CLYTIE, DIONE.

ARGELIE.

ENfin vôtre vertu l'emporte,
Madame, mes soupçons cedent à son éclat.
J'immole à vos desirs l'intérest de l'Estat.
Vous n'aurez plus icy de Loy qui vous contraigne:
Et par mes seuls bienfaits vous sçaurez que je regne.

ISMENE.

Souffrez donc que j'imite autant que je le doy,
L'effort que vous venez de vous faire pour moy.
Nô, puisque vôtre main brise aujourd'huy ma chaîne,
Madame, vôtre Loy n'a plus rien qui me gesne.
A quelque Roy qu'il faille attacher mon destin,
Commandez. Je suis préte à luy porter ma main.

ARGELIE.

J'attendois peu, Madame, un effort si contraire
Aux vœux de deux Amans que je croyois vous plaire;
Je n'ay point prétendu qu'un hymen odieux
Vous forçat, malgré vous, à sortir de ces Lieux:
Et je n'ay de ces Rois favorisé la flâme,
Que pour déveloper les replis de vôtre ame:
Car je vous l'avoûray. Vos constantes froideurs
Me faisoient bien juger que vous aimiez ailleurs:
Mais de ces factieux, dont j'ay puny l'audace,
Qui briguoient mon hymen pour môter en ma place,

Et qu'un Peuple mutin m'imposoit pour Epoux;
Je craignois que quelqu'un ne fust maistre de vous;
Et que quelque projet fatal à ma puissance,
N'eust forcé vôtre bouche à ce triste silence.
Injurieux soupçons, source de ma rigueur!
Je ne me souvins plus que vous estiez ma Sœur;
Je m'assuray de vous, j'usay de violence,
Pour vous faire des Rois accepter l'alliance.
Ils m'estoient moins suspects que nuls autres Amans!
Mais j'ay bien condamné mes premiers sentimens,
Ma Sœur, helas! qu'un mot m'eust épargné de peines!
  Enfin de vôtre amour j'ay des preuves certaines,
Vos Amans me sont chers; j'en approuve le choix:
J'ay reconnu leur foy; ne parlons plus des Rois.
J'ay contre leurs desirs joint mes refus aux vôtres;
Je me suis expliquée en faveur des deux autres;
J'ay refusé, promis; & jusques à ce jour
Mes dons & mes refus ont esté sans retour.
Je veux... Mais qu'ay-je dit qui vous doive confondre?
Vous rougissez. Parlez.

ISMENE.
                    Il faut donc vous répondre.
Vous avez sur mon sort un pouvoir absolu.
Je n'en murmure point. Les Dieux l'ont bien voulu;
Je les prens à témoin, Madame, & vos yeux méme;
Si jamais dans le fort de mon malheur extréme,
Quelque ressentiment qui me dût émouvoir,
Un mot m'est échapé qui blessat mon devoir.
Peut-estre sur le Trône aurois-je esté plus fiere,
Et Reyne égale à vous, de vôtre prisonniere,
Trouvant mille chemins à ma vengeance ouverts,
J'aurois porté plus loin le dépit de mes fers:
Mais loin de consentir au dessein de vous nuire,
Où vos rigueurs sembloient, malgré moy, me conduire;

J'ay voulu, refusant un Roy pour mon Epoux,
M'arracher le pouvoir de me vanger de vous.
Ne craignez donc de moy ny factions, ny brigues,
D'un Peuple sans raison j'ignore les intrigues.
J'adore en vous le sang de nos communs Ayeux,
Qui n'ont transmis qu'en vous leur pouvoir en ces
    lieux.
Contre vos volontez, je n'ay pour toutes armes,
Que d'innocens soûpirs, & d'impuissantes larmes;
Qui dés que mes desseins vous seront declarez,
Ne couleront qu'autant que vous les souffrirez.
Souffrez-les un moment. Ce qu'elles vous demâdent,
Ce n'est nul de ces biens où tant d'autres prétendent,
Ce n'est plus d'un grand Roy l'alliance & l'appuy.
Vous m'en ostez l'espoir, Je le perds sans ennuy.
Ce n'est ny les égards dûs à nôtre naissance,
Ny de ma liberté la sincére assurance,
Pour toute liberté, Madame, & pour tout bien,
Permettez à mon cœur de n'aimer jamais rien;
De n'aimer rien que vous; de sortir d'une chaîne,
Qui toûjours....

ARGELIE.

    Arrestez. Quoy, Phœnix, Timagene,
Tous deux si tendrement charmez de vos appas,
Vos Confidens secrets, vous ne les aimez pas?

ISMENE.

Madame;

ARGELIE.

    O' Dieux! que vois-je; & sous quelle esperance,
Oser de leur amour me faire confidence?
Me trompez? me vanter tous deux insolemment
Un succés qu'à mes yeux vostre bouche dément?
Oi me joüe. On me fait par des complots sinistres,
Des Rois mes Alliez, ten voyer les Ministres;

Rompre avec eux; halter un refus indiſcret,
Sans doute on trame icy quelque deſſein ſecret,
Il faut m'en éclaircir. Hola.

ISMENE.

Qu'allez-vous faire?
O Ciel! entre vos mains, preſte à vous ſatisfaire,
Ne puis-je pas....

ARGELIE.

Ma Sœur, vous eſtes libre icy,
De ces nouveaux ſoupçons n'ayez aucun ſoucy.
Ils ne vous touchent point. Vous n'eſtes point cou-
pable.
Je le croy: mais je ſçay dequoy l'on eſt capable,
Quand l'amour & l'orgueil ont ſéduit la raiſon,
Et la fourbe chez moy paſſe pour trahiſon.
Je ſçais à qui m'en prendre. Arcas, où ſont les Princes?

ISMENE.

Quoy? Madame, l'honneur, l'apuy de vos Provinces,
Deux Héros....

ARGELIE.

Où ſont-ils?

ARCAS.

Ils attendent icy,
Que par voſtre bonté leur ſort ſoit éclaircy;
Et n'oſant pas entrer....

ARGELIE.

Allez. Qu'on les ſaiſiſſe.

ISMENE.

Hé! de grace, un moment. Un peu plus de juſtice,
Ils n'ont point merité cet éclat de courroux;
Et s'il faut l'avoüer....

ARGELIE.

Enfin les aimez-vous?

ISMENE.

Hé bien! je leur ay dit..... Ils ont pû vous le dire,
J'aime. Que cet aveu puisse au moins vous suffire!
Laissez-moy de ma flâme étouffer les transports;
Et ne m'obligez pas à de plus grands efforts.
Pour aimer plus lôgtemps, l'amour m'est trop funeste;
Les maux qu'il m'a coustez me font craindre le reste;
Et l'effroy que je sens ne se peut plus calmer,
Qu'en cessant dés ce jour ou de vivre, ou d'aimer.

ARGELIE.

J'ay peine à concevoir d'où vient tout ce mystere.
Quoy? de ce qui me plaist, rien ne peut dócvousplaire?
Et l'objet jusqu'icy le plus cher à vos yeux,
Si-tost que j'ay parlé, vous devient odieux?
Ma seule volonté fait toute vôtre peine.
Vous portez vôtre amour, où je veux vôtre haine:
Et de vos passions disposant tour à tour,
Vous portez vôtre haine, où je veux vôtre amour.
Ne verra-t-on jamais la fin de vos caprices?

ISMENE.

Mais ne verray-je point celle de mes suplices?
Qu'ay-je dit, qu'ay-je fait, qui vous doive irriter?
Est-ce un crime pour moy que de vous imiter?
Pourquoy condamnez-vous par cette violence,
Tant d'exemples fameux de vôtre indiférence?
Tout l'Estat tant de fois conjuré contre vous,
N'a pû vous engager au choix d'aucun Epoux.
On vous a veuë au pied de ces mémes murailles
Soûtenir vos refus du gain de trois Batailles;
Et defendre toûjours avec pareille ardeur
Les droits du Diadéme, & ceux de vôtre cœur.
Hé quoy! ne puis-je pas vous ressembler sans crime?
Madame, un même sang toutes deux nous anime.

Elevée à vos yeux, dés mes plus tendres ans,
Je n'ay dû me regler que sur vos sentimens.
Je l'ay fait jusqu'icy. Je veux encor le faire.
Consentez-y. Pourquoy m'estes-vous plus severe,
Qu'aux Peuples ennemis que vous auez domptez?
Vous n'avez point encor forcé leurs volontez.
La liberté du cœur ne leur est point ravie.
Maistresse de leur bien, de leur sort, de leur vie,
Prenez sur moy les droits que vous avez sur eux.
Regnez: mais laissez-moy l'empire de mes vœux;
Et plutost qu'à l'hymen aujourd'huy je souscrive,
Souffrez que pres de vous....

ARGELIE.

Arcas, que l'on me suive.
Madame, je le dis pour la derniere fois,
Sur l'un ou l'autre Prince arrestez vôtre choix,
Tous deux separément viendront icy l'apprendre.
Je vay les envoyer. Songez à les defendre.
C'est contre mes soupçons qu'il faut les appuyer.
C'est vostre hymen qui seul peut les justifier,
Et si de vôtre foy vous vous croyez maistresse,
Je la suis de leurs jours. Songez-y. Le temps presse,
Et dans ce jour, malgré tous vos retardemens,
Vous aurez un Epoux, ou n'aurez plus d'Amans.

ISMENE.

Madame.

ARGELIE.

Demeurez,

SCENE IV.

ISMENE, DIONE.

ISMENE.

HE' quoy? tout m'abandonne?
La cruelle me fuit? Ils vont mourir, Dione,
Elle a déja trouvé ces Princes malheureux,
Ils sont en son pouvoir. Cours. Sauve les tous deux,
Sauve Phœnix au moins. Va luy dire,.... qu'il suye,
Qu'il ne pense qu'à luy, Dione, qu'il m'oublie;
Que je le veux. Sur tout cache-luy ce transport.
Ne dy pas que la Reyne a conjuré sa mort.
Prens garde que ses yeux trop puissans sur mon ame,
Au trauers de mes soins ne découvrent ma flame:
Toy-même ne penetre un secret si fatal,
Qu'autât qu'il faut pour plaindre, & soulager mó mal,
Va, Cours.

DIONE.

Madame, helas! je cours à vôtre perte,
Puis-je vous obeïr, sans estre découverte?
La Reyne les observe. A ses yeux, sur ses pas,
Puis-je me faire entendre, & ne vous perdre pas?

ISMENE.

Pers-moy donc. Que m'importe. Il faut que je partage
Les dangers où pour moy leur amour les engage,
Ne me détourne point d'un dessein généreux.

DIONE.

Mais vous ne ferez rien que vous perdre avec eux,

C ij

Et leur mort à l'inſtant de la vôtre ſuivie...;

ISMENE.

Et ſi je pers Phœnix, que m'importe la vie!

DIONE.

Si vous aimez Phœnix, vivez donc avec luy.
C'eſt l'unique moyen de finir vôtre ennuy;
Et puis que ſon péril fait toute vôtre peine,
Délivrez l'en, Madame, en perdant Timagene.

ISMENE.

Timagene!

DIONE.

Oüy, prenant ce Prince pour Epoux,
Expoſez-le aux rigueurs d'une Reyne en courroux,
Le remede eſt fâcheux : mais le mal eſt extréme,
Et le crime eſt vertu pour ſauver ce qu'on aime.

ISMENE.

Quel remede, Dione! ô Dieux! me connois-tu?
Quoy? de deux cœurs tous pleins d'amour & devenir
Dont l'un a ma tendreſſe, & tous deux mon eſtime,
Tu prétens que l'un ſerve à l'autre de victime?
Et qu'à tous deux, ſans fruit, cruelle également,
J'aſſaſſine l'Epoux, & renonce à l'Amant?
Non, non, dans mon malheur quelque ennuy qui
     m'accable,
De cette trahiſon je ne ſuis point capable.

DIONE.

Mais, Madame, voyez ce que vous hazardez;
N'en voulant perdre aucun, tous deux vous les perdez.

ISMENE.

Dures extremitez! neceſſité cruelle!
Qui me fait par vertu devenir criminelle!
Que faire? Iray-je donc les armes à la main
Accabler ſur le Trône un pouvoir inhumain?

Déchirer sans pitié les flancs de ma Patrie?
De celle que je blâme égaler la furie?
Ou contre mes desirs cimenter son bonheur
Du sang, peut-estre helas! le plus cher à mon cœur!
Non, ne meritons point le sort qui nous opprime;
Et loin de repousser le crime par le crime,
Portons à nos Ayeux ce sang infortuné
Aussi pur qu'il estoit quand ils nous l'ont donné.
C'est assez que ma Sœur,...

DIONE.

J'apperçois Timagene,
Madame.

ISMENE.

Ah! cachons-luy les desseins de la Reyne.
Que luy diray-je?

DIONE.

Au moins conservez vôtre Amant,
Un seul moment vous reste.

ISMENE.

O funeste moment!

SCENE V.

ISMENE, TIMAGENE, DIONE.

ISMENE.

PRince, je suis contrainte à me choisir un Maistre,
Vous vous tenez heureux du seul espoir de l'estre;
Vous le dites au moins, & vos desirs pressans
Cent fois à mon orgüeil ont donné cet encens,
Mais me connoissez-vous?

TIMAGENE.

Je me connois, Madame,
Je fçay le peu d'égard que merite ma flâme;
Et des Rois mes Rivaux les Sceptres rebuttez,
Ne m'ont que trop instruit du prix de vos beautez.
Presqu'inconnu, forty d'une Race étrangere,
Grand par les seuls bienfaits du feu Roy vôtre Pere,
J'ay trop peu respecté l'orgüeil du sang Royal,
Quand j'ay porté mes vœux....

ISMENE.

Vous me connoissez mal,
Timagene. Il est vray que ceux dont je suis née,
Semblent me reprocher ma triste destinée.
Ils estoient sur le Tróne, & je crûs qu'à mon tour,
Leur sang qui m'animoit, m'y placeroit un jour.
Mon Pere le vouloit. Tous les droits de l'ainesse
Alloient en ma faveur ceder à sa tendresse.
Il mourut; & je vis entrer dans son cercüeil,
Cet inutile espoir qui flatoit mon orgüeil.
Les brigues de ma Sœur, & mon âge trop tendre,
La mirent seule au Tróne où j'aurois pû pretendre,
Je me vis à ses piez. Avec quelle rigueur
Me fit-elle sentir sa nouvelle grandeur?
Elle appliqua déslors sa haine toute entiere
A se vanger sur moy des tendresses d'un Pere.
Ses soupçons la forçant à mon bannissement,
Elle voulut ailleurs me chercher un Amant.
Pour punir mes refus on a, par mille allarmes,
Côtraint depuis mes vœux, mes soûpirs & mes larmes,
C'estoit peu que, sans crime, aux yeux de l'Univers,
Une Sœur m'eust réduite à la honte des fers.
A tous ceux qui s'estoient attiré mon estime,
La pitié de mon sort a tenu lieu de crime;

Et l'on a veu tomber sous le fer des Bourreaux
Tous ceux qu'on a jugez trop touchez de mes maux,
Voila quelle je suis, Prince, voila ma vie.
Ce grand amas d'honneurs, ce sort digne d'envie,
Ce bonheur, qui par tout vous a favorisé,
Contre ce triste écüeil sera bientost brisé;
Et déplorant alors vôtre propre victoire....

TIMAGENE.

Ah! c'est sur cet espoir que j'établis ma gloire.
Amant trop fortuné, si le titre d'Epoux
Me coustoit un bonheur que je perdrois pour vous,
Ma naissance à la vôtre estant trop inégale,
Mon merite ne peut en remplir l'intervale:
Mais la Reyne entre nous partageant ses rigueurs,
Je vous égalerois au moins par mes malheurs;
Et mon bras animé par cette ressemblance,
Vous vangeroit des coups. ...

ISMENE.

                    Inutile vengeance!
Non, par ce long recit des mépris d'une Sœur,
Je n'ay point prétendu me chercher un vangeur.
Ne m'asseurez-vous pas qu'elle a calmé sa haine?
Que craindrois-je? Elle peut cesser d'estre inhumaine;
Elle peut n'estre point contraire à vos amours:
Mais je suis malheureuse, & le seray toûjours.
Si vous pouviez, Seigneur....

TIMAGENE.

                    Quoy? Madame, de grace,
Expliquez-vous. Parlez. Que faut-il que je fasse?
Faut-il que tout mon sang, pour preuve de ma foy....

ISMENE.

Si vous pouviez, Seigneur, ne m'aimer plus....

TIMAGENE.

                         Qui? moy?
C iiij

Moy ne vous plus aimer? ô Ciel! hé bien? Madame
A ces mots j'apperçois le malheur de ma flâme.
Vos regards à mes yeux parlent de vos refus.
Enfin Phœnix l'emporte, & je n'en doute plus.
On me l'avoit bien dit, & la Reyne elle-mesme....

ISMENE.

Phœnix? La Reyne, ô Dieux, vous a dit que je l'aime?
Ah! si l'un de vous deux a merité ma foy,
Il faut vous l'avoüer, Seigneur, c'est vous.

TIMAGENE.

C'est moy?
'Adorable Princesse.

ISMENE.

Oüy, c'est vous, Timagene,
Ne tardez point. Allez desabuser la Reyne.

TIMAGENE.

Mon bonheur....

ISMENE.

Epargnez ces discours superflus,
Voyez la Reyne.

TIMAGENE.

Au moins....

ISMENE.

Ne me répondez plus,

TIMAGENE *en sortant.*

Il suffit, J'obeïs.

ISMENE.

Qu'avons-nous fait, Dione?
Il court vers ses Bourreaux, & c'est moy qui l'ordonne;
Mais, Phœnix,.... Ah! fuyons, Dione, je le voy.

SCENE VI.

ISMENE, PHOENIX, CLEON, DIONE.

ISMENE.

SEigneur, par tout l'amour que vous eûtes pour moy,
Ne me voyez jamais. Ad

PHO: IX.

Que me dit-elle?

Ne me voyez jamais! Elle fuit, l'infidelle!
Mon Rival sort content! O Dieux! suivons leurs pas,
Cleon, à ce revers je ne me connois pas.

Fin du Second Acte.

ACTE III,

SCENE PREMIERE.

PHOENIX, CLEON.

PHOENIX.

NON, Cleon, c'est en vain que ton zele me flate.
Je n'en puis plus douter. Ismene est une ingrate.
Elle a fixé ce choix si longtéps suspendu,
Timagene trionphe, & Phœnix est perdu.
Mon Rival est heureux. J'ay veu sur son visage
La cause de sa joye, & celle de ma rage.
N'osant m'en raporter à la foy de mes yeux,
En vain je l'ay suivy pour m'en instruire mieux.
Il a fuy devant moy, soit que cette ame vaine
Ait voulu plus longtemps s'applaudir de ma peine,
Soit qu'il n'ait pas osé, malgré sa vanité,
M'avoüer un bonheur qu'il n'a pas merité:
Car enfin de quels droits appuyant sa tendresse,
A-t-il pû m'enlever le cœur de ma Princesse?

Je l'aimois avant luy. Mes services, mes soins,
Cleon, n'ont eu lôgtemps que ses yeux pour témoins.
Les miens assujettis au pouvoir de leurs charmes,
Avant luy, leur faisoient un tribut de mes larmes.
Il le sçait; & peut-estre a-t-il appris de moy
L'art de s'en faire aimer au mépris de moy.
Mais dy-moy, de son cœur banny sans esperance,
Seray-je pour jamais banny de sa presence?
Ne la verray-je plus?

CLEON.
Vous la verréz, Seigneur.

PHOENIX.
S'est-elle jusque-là contrainte en ma faveur,
La cruelle? Mais voy toute son injustice.
Elle veut consommer sa haine, & mon suplice,
Je lis dans sa pensée. Elle cherche à me voir,
Pour joüir de son crime, & de mon desespoir,
Elle suyoit tantost, pour cacher à ma veuë
Le trouble de ses yeux qui l'auroit convaincuë.
Pour me justifier ses injustes rigueurs,
Il faloit à loisir preparer des froideurs:
Il faloit se munir de raisons, & de feintes,
Pour braver ma douleur, en repoussant mes plaintes,
Elle l'a fait. Hé bien! quels que soient ses desseins,
Je veux l'attendre, & voir jusqu'où vont ses dédains.

CLEON.
Ah! ne la croyez pas capable d'imposture,
Seigneur, à la vertu vos soupçons font injure.
J'ay suivy la Princesse, & plein de ses douleurs
J'ay fait de vains efforts pour retenir mes pleurs.
Dans son Appartement elle s'est retirée,
Où d'abord je l'ay veuë interdite, égarée,
Et portant sur son front l'image du trépas,
Se jetter sur Dione, & pâmer dans ses bras.

PHOENIX.

Ah! Cleon,

CLEON.

Par nos soins à la fin soulagée,
Dans ses premiers chagrins elle s'est replongée;
Et comme elle jettoit les yeux de toutes parts,
Je me suis rencontré sous ses premiers regards,
Elle m'a reconnu. L'excés de sa foiblesse
N'a pû nous déguiser celuy de sa tendresse;
Et de profonds soûpirs ont fait connoistre à tous,
Seigneur, qu'en me voyant elle pensoit à vous.
J'allois dans cet instant luy peindre vôtre peine,
Quand elle m'a quitté pour passer chez la Reyne:
Mais Dione sensible à vôtre desespoir,
Obtiendra qu'en ces Lieux elle puisse vous voir,
Elle me l'a promis.

PHOENIX.

Inutile remede!
Au bonheur d'un Rival tout conspire, tout cede,
On méprise pour luy trois Sceptres à la fois,
Pour luy dans les Prisons on rebutte les Rois,
Et moy, dont la tendresse égale la constance,
Je n'auray que des pleurs pour toute récompense?
Que d'inutiles pleurs, dont les cœurs inconstans,
Cleon, sont à leur gré prodigues en tout temps?
Non, non, je ne suis point l'objet de ses allarmes,
Et je n'ay point causé ses soûpirs, & ses larmes,
L'image de mes soins si mal récompensez,
Sa honte, ses remords, enfin les ont causez,
Mais pour vanger le tort qu'elle fait à ma flâme,
Adjoûtons quelque pointe aux douleurs de son ame,
Exilé de son cœur, occupons-le à demy,
Si ce n'est comme Amant, du moins côme Ennemy,

Elle vient. Voyons-la. Meritons sa colere,
Elle offre à mon dépit dequoy se satisfaire;
Sans doute ses mépris causeront mon trépas:
Mais j'auray le plaisir de braver ses appas.
Quoy qu'il en soit enfin, il faut que je la voye.
D'elle, & de mon Rival, je troubleray la joye;
Et ce sera toûjours une douceur pour moy,
D'empoisonner un bien que l'on vole à ma foy.

CLEON.

Quoy donc? cette amitié depuis trois ans formée,
Et par tant de sermens si souvent confirmée,
S'évanoüit, Seigneur, en ces tristes momens?

PHOENIX.

Et depuis quand l'Amour s'en tient-il aux sermens?
Cependant ne crains pas, quelle que soit ma peine,
Que je veüille jamais m'en prendre à Timagene.
Sa vertu, ses exploits, me le font estimer.
La foy de mes sermens me contraint de l'aimer.
Je l'ay promis, Cleon, je tiendray ma parole.
Qu'il joüisse en repos du bonheur qu'il me vole.
Sim'ostant ma Princesse, il me rend malheureux,
Il me l'a disputée en Rival genéreux.
Il n'a mis en usage aucune indigne feinte,
Il adoroit Ismene, & le disoit sans crainte;
Son amour paroissoit dans tous nos entretiens;
Ses feux se sont trouvez plus heureux que les miens;
Et s'il faut qu'en ce jour mon desespoir éclate,
Ce n'est pas contre luy; c'est contre mon Ingrate.
   Conte depuis le temps que soûmis à ses Loix,
Je luy voüay mon cœur pour la premiere fois;
Par combien de moyens indignes de sa gloire,
A-t-elle jusqu'icy joüy de sa victoire,
Cleon? & par combien d'artifices divers,
M'a-t-elle sçeu contraindre à languir dans ses fers?

Helas! si mon amour luy tenoit lieu d'offence,
Que ne m'imposoit-elle un éternel silence?
Que ne me disoit-elle? Amant infortuné,
N'attaque pas un cœur qu'on a déja donné.

D'elle, & de son Amant, Ministre trop fidelle,
Je n'aurois point nourry leur ardeur mutuelle;
Ny pour rendre un Rival à mes despens heureux,
Si longtemps servy d'ombre à l'éclat de leurs feux.
Insensible témoin de ses vaines allarmes,
Je n'aurois point seché tant d'inutiles larmes.
Elles estoient, Cleon, ces marques de sa foy,
Toutes pour Timagene, & pas-une pour moy.

Malheureux, où t'emporte un injuste caprice?
Connois-tu la Princesse? & luy rens-tu justice?
Elle ne t'aimoit pas. As-tu pû meriter
L'effort qu'elle s'est fait pour t'en laisser douter?
Elle te haïssoit peut-estre. En quelle gesne
A-t-elle mis son cœur pour combattre sa haine?
Elle pouvoit d'abord la montrer à tes yeux;
Te forcer à la fuir; te bannir de ces Lieux;
Te faire un digne objet de sa juste colere:
Ingrat, l'a-t-elle fait? Elle pouvoit le faire.
Helas! elle a souffert trois ans en ta faveur,
Que ton Rival aimé doutat de son bonheur.
Trois ans pour ton repos tyrannisant sa flâme,
Elle t'a prodigué la moitié de son ame.
Elle a fait plus, cruel, & si tu perds sa foy,
Meurs aprés cette perte, & ne t'en prens qu'à toy.
Oüy, Cleon, j'ay moy-même, en ce jour déplorable,
Arraché de ses mains la foudre qui m'accable.
A ses cruels mépris j'ay voulu m'immoler:
Elle vouloit se taire, & je l'ay fait parler.
Hé bien, Cleon, fuyons la presence d'Ismene,
Des coups dont je me plains, je dois porter la peine,

J'en fuis l'autheur. Mourons. Il le faut. Mais au moins
Que fes yeux de ma mort ne foient pas les témoins.
Mes hommages foufferts, avec tant d'indulgence,
Affez & trop longtemps leur ont fait violence.
Ne les affligeons point par tout ce qu'a d'affreux
Le fpectacle fanglant d'un trépas rigoureux:
Et fouhaitons plutoft, en fortant de la vie,
Qu'elle ignore ma mort, enfin qu'elle m'oublie.
Allons.

CLEON.

Ifmene fort, Seigneur.

PHOENIX.

Où courons-nous?
Cleon, s'il faut mourir, mourons à fes genoux.

SCENE II.

ISMENE, PHOENIX, CLEON, DIONE.

ISMENE.

IE ne puis luy parler, Dione, va luy dire,
Qu'à l'inftant...

PHOENIX.

Ah! vous-même exercez vôtre empire,
Mon cœur plus que jamais foûmis à vos appas,
Attend de vôtre main le coup de fon trépas.
Ne le différez plus. En vain mille préfages
M'offrent de mon malheur les funeftes images;
Quels que foient mes deftins plus cruels, ou plus doux,
Je n'en reconnois point d'autre Arbitre que vous.

A R G E L I E,

ISMENE.

Seigneur, & vous & moy, nous en avons un autre,
L'Amour a disposé de mon sort & du vôtre,
C'est à nous d'obeïr.

PHOENIX.

Trop inégale Loy!
Qu'elle est douce pour vous! qu'elle est dure pour moy!
Mais l'Amour qui l'a faite, & qui vous la suggere,
Ne me promettoit pas de m'estre si severe.
J'ay crû le voir souvent me parler dans vos yeux
D'un air, dont mon Rival paroissoit envieux.
Cependant,....

ISMENE.

S'il vous reste un peu de complaisance,
Adjoûtez un effort à vôtre obeïssance.
Je l'attens. Je le veux. En un mot, dés ce jour
Evitez ma presence, & sortez de la Cour.

PHOENIX.

Vous voulez.....

ISMENE

Oüy, je veux qu'une prompte retraite
Me cache les ennuis, où mon refus vous jette.

PHOENIX.

Mais, Madame,....

ISMENE.

Je sçay que l'ordre est rigoureux:
Je sçay qu'aprés avoir desesperé vos feux,
Il faudroit dans l'éclat des bienfaits de la Reyne,
Vous laisser à loisir oublier vôtre peine.
Et je vous en dépoüille! Et ce sera pour moy
Que vous serez errant, sans gloire, sans employ,
Exilé d'une Cour où chacun vous honore:
Mais vous m'avez aimée, & vous m'aimez encore.
Au nom de cet amour,....

PHOENIX.

Pourquoy diſſimuler?
Ma Princeſſe, je vóy ce qui doit m'exiler,
Vous le cachez en vain. Quand vôtre hymen s'avance,
D'un Amant mépriſé le chagrin vous offence;
Et vous ne pouvez plus ſouffrir auprés de vous
Le malheureux Rival de vôtre heureux Epoux,
Helas! quand je pourrois traverſer vôtre joye,
Ma gloire & mon reſpect m'en fermeroient la voye,
Je les conſulte plus que mon reſſentiment;
Et quoy qu'Amant trahy, je ſuis toûjours Amant.
Ne vous allarmez pas. Contre ma violence
Vous-même à mon Rival vous ſervez de défenſe.
Pour oſer l'attaquer il eſt trop prés de vous;
Et vôtre hymen le met à couvert de mes coups.
Trop fidelle témoin du bonheur de ſa vie,
Je me contenteray de luy porter envie.
Mais loin de me bannir, pour plaire à vôtre Epoux,
Laiſſez joüir ſes yeux d'un ſpectacle ſi doux,
Ne luy dérobez point ſa plus ſenſible gloire:
L'image de mes maux ennoblit ſa victoire;
Et le voyant en paix maiſtre de vos appas,
L'image de ſa joye avance mon trépas.

ISMENE.

Ah! Phœnix!

PHOENIX.

Que vos yeux luy gardent tous leurs charmes?
Ne les corrompez point par ces injuſtes larmes.
C'eſt trop les prodiguer. Voſtre hymen, mes ſermens,
L'ont trop mis à couvert de mes reſſentimens.
Il peut:...

ISMENE.

Connoiſſez mieux la cauſe de ma peine,
Ces larmes ſont pour vous, & non pour Timagene;
D

Pour vous feul. Un Rival charmé de fon bonheur,
Ne vous envira point cette vaine douceur.
Mon eftime pour vous luy doit eftre connuë;
S'il a reçeu ma foy, ma pitié vous eft deuë.
Par cet endroit du moins vous poffedez mon cœur;
Et dans le temps qu'un autre en croit eftre vainqueur,
Me dérober des pleurs, & me les voit répandre,
N'eft pas le poffeder par l'endroit le moins tendre.
Mais de ce trifte cœur n'exigez rien de plus,
Phœnix, & que ces pleurs ne foient pas fuperflus.
Sans eftre plus longtemps témoin de mes allarmes...

PHŒNIX.

J'allois vous obeïr, fans ces flateufes larmes,
Mon defefpoir au moins alloit finir mon fort.
Me dire de vous fuir, c'eft me donner la mort;
Me le dire en pleurant, c'eft me rendre la vie:
C'eft de vous obeïr, m'ofter toute l'envie.
Vos pleurs en m'éloignant, me rappellent vers vous;
Et pour fuir, j'ay befoin de tout vôtre courroux.
Cependant, belle Ifmene, empefchez qu'il n'éclatte;
Ne m'oftez pas un bien dont ma douleur fe flatte.
Plaignez-moy, Mes defirs ne font pas fi cruels,
Que de vous condamner à des pleurs éternels.
Le fouvenir de ceux que je vous voy répandre,
De ma propre fureur pourra bien me défendre;
Mais pour entretenir ce fouvenir confus,
Laiffez-moy prés des yeux qui les ont répandus.
Il me fera bien doux, en voyant ce que j'aime,
De me dire tout-bas. pour me tromper moy-même;
Ne plains plus ton malheur, Amant trop indifcret,
Il a tiré des pleurs des beaux yeux qui l'ont fait.

ISMENE.

Seigneur, moins de tendreffe, & plus d'obeïffance.
Mes pleurs de mon fecret vous difent l'importance;

Mais fans l'approfondir, obeïssez, partez,
Montrez en me fuyant, que vous les meritez.
Qu'à mes defirs enfin vôtre vertu réponde?
Ou bien,....

PHOENIX.

Dites-moy donc en quel endroit du Monde
Je dois aller cacher le reste de mes jours,
Dont vos cruels dédains ont abregé le cours?
Iray-je à Sparte, en Crete, à Mycene, en Epire?
Helas! pour vous en vain tout l'Univers soûpire!
Par tout on sçait l'espoir que vous m'aviez permis,
Et par tout vos beaux yeux m'ont fait des ennemis,
Ces Rois dont j'ay trois ans intimidé la flâme,
A qui je dérobois la moitié de vôtre ame,
De ma temérité justement indignez,
Sur qui vangeront-ils leurs Trônes dédaignez?
Mais je redoute peu les effets de leur rage.
La gloire à ces combats a formé mon courage,
La honte de me voir en butte à leurs mépris,
Seule contre vos Loix revolte mes esprits,
Voulez-vous que rampant dans une foule obscure,
J'aille de leurs Flateurs exciter le murmure?
Et par le triste aspect de mes vœux rebuttez,
Les vanger des chagrins que je leur ay coûtez?
Souffrez-moy dans ces Lieux. La haine, ny l'envie,
N'y tyrannisent point ma déplorable vie.
Je voy mes Ennemis à mes piez terrassez,
Pas-un....

ISMENE.

Je reste encor Phœnix, & c'est assez.
De la Reyne, il est vray, vous ne sçauriez vousplaindre,
Prés d'elle sa faveur vous défend de rien craindre,
Avec vous Timagene est lié d'amitié:
Mais craignez tout de moy, jusques à ma pitié.

D ij

En vain de tous ces Rois vôtre ame se défie:
Plus que tous vos Rivaux je suis vôtre ennemie:
Vous les fuyez avant qu'avoir senty leurs coups:
Fuyez-moy, vous avez éprouvé mon courroux.
Contre vous aujourd'huy je me suis declarée;
Je rebutte la foy que vous m'aviez jurée;
J'éteins aprés trois ans, qu'on me l'a veu nourrir,
Un feu, qui meritoit de ne jamais mourir.
Je tâche à tous les yeux d'en dérober les traces;
Je joins, pour vous bannir, les larmes aux menaces;
Je fais plus. Je n'entens vôtre nom qu'à regret;
Tout ce qu'on dit de vous m'est un tourment secret;
Je vous sçais mauvais gré de m'estre encor fidelle;
Je voudrois oublier tout ce que vôtre zele
Vous fit jamais oser pour meriter ma foy;
Et que tout l'Univers l'oubliât avec moy.
J'ose même à vos yeux vanter mon injustice:
Je la voy. Mais enfin vous estes mon suplice:
Allez noircir ma gloire au bout de l'Univers:
Vangez-vous de l'affront d'avoir porté mes fers:
Publiez que je suis infidelle, & parjure:
A ce juste reproche adjoûtez l'imposture.
Pourveu que vous fuyiez, tout vous sera permis:
Mais fuyez.

PHOENIX.

Oüy, Phoenix vous est encor soûmis:
Ces larmes, ces soûpirs, cet effort de tendresse,
Cet éclat de courroux n'est point ce qui me presse:
Je connois mon devoir; je ne puis le trahir,
Et mon destin, Madame, est de vous obeïr.
Je veux croire avec vous mon exil legitime.
Je n'examine point quel peut estre mon crime;
Pour voir contre moy seul tout l'Univers armé,
C'en est un assez grand de n'estre point aimé.

Encor vôtre courroux n'eſt-il que trop modeſte:
Vous m'oſtez mes emplois, vous me laiſſez le reſte:
Vous ne demandez point ma liberté, mon ſang:
Mais je ſçay quel hommage on doit à vôtre rang.
J'ay perdu vôtre amour, vôtre foy, vôtre veuë:
Enfin j'ay tout perdu, quand je vous ay perduë.
Tous autres biens pour moy ſont des biens ſuperflus:
Vous le voulez. Adieu. Vous ne me verrez plus.

SCENE III.

ISMENE, DIONE.

DIONE.

IE ne ſçay que penſer de l'air dont il vous quitte,
Madame : mais pourquoy l'obliger à la fuite?
N'euſt-il pas eſté mieux qu'aux yeux de cette Cour
Ileuſt appris de vous à vaincre ſon amour?

ISMENE.

Aux yeux de cette Cour? aux yeux d'une inhumaine,
Qui l'uniroit peut-eſtre au ſort de Timagene?
Phœnix m'aime, Dione, & quand on aime bien,
Peut-on voir ce qu'on aime, & n'en témoigner rien?
Non, qu'il parte tandis que la Reyne l'ignore,
Ses yeux découvriroient le feu qui le devore,
Les miens même à la fin trahiroient mon ſecret,
Qu'il parte. Tu le vois, je l'ordonne à regret,
Mais il faut le ſauver. Inutile eſperance!
Si Phœnix de la Reyne a fuy là violence,
Ne crains-je point la ſienne? & puis-je ſur ſa foy
Répondre de ſes jours qu'il n'aime que pour moy?

Je l'ay trahy, Quel soin prendra-t-il de sa vie?
Ah! suy ses pas. Dy-luy qu'il vive : mais qu'il suye,
Pour luy mieux inspirer quelque soin de ses jours,
De tout ce que je sens anime tes discours.
La pitié, le devoir, m'appellent chez la Reyne.
J'y cours pour empécher la mort de Timagene;
Et s'il faut qu'il succombe à ses injustes coups,
En faveur de l'Amant, je meurs avec l'Epoux.

Fin du Troisième Aٵe.

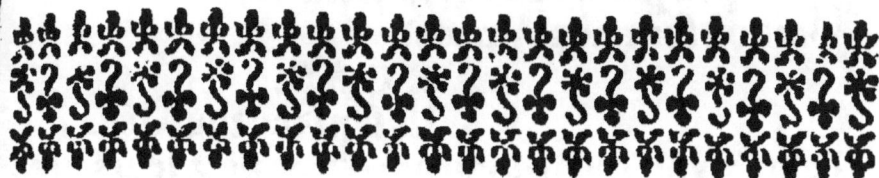

ACTE IV.

SCENE PREMIERE.

ARGELIE, ARCAS.

ARCAS.

Madame, tout est prest. Une Troupe choisie,
De cet Appartement empéche la sortie,
Une autre en méme temps, dans le Salon prochain,
Attend le Criminel, le poignard à la main.
Qui que ce soit, croyez que sa mort est certaine,
Je leur ay contre luy trop inspiré de haine.
Pour les mieux animer, ie l'ay peint à leurs yeux
De tout ce que le crime a de plus odieux.
Sans s'informer du nom, j'ay veu soudain leur zele
S'armer à ce recit d'une fureur nouvelle;
Et jamais,....

ARGELIE.

Achevez; & prenez dés ce jour
Le rang que Timagene occupoit dans ma Cour.

ARGELIE,
En l'état où le va mettre son hymenée,
Il sera peu jaloux de vôtre destinée:
Mais où sont nos Amans?

ARCAS.

Ils sont icy tous deux,
Pour sçavoir quel moment couronnera leurs vœux.

ARGELIE,

Envoyez Timagene, & gardez la Princesse.

SCENE II.

ARGELIE seule.

TOy, ne me parle plus, inutile tendresse,
Faux égards, ennemis du repos de mes jours;
Dont ma raison séduite implore le secours,
Retirez-vous. Cedez à ma juste vengeance.
De ma timidité ma colere s'offence.
Punissons sans pitié, haïssons sans retour,
Et bravons aujourd'huy la Nature & l'Amour.

SCENE III.

ARGELIE, TIMAGENE.

ARGELIE.

TImagene, il est temps que vôtre joye éclatte,
Je ne veux point qu'icy le respect la combatte,
L'état où je vous vois, répond à mes desirs;
Et je ne prétens point conttaindre vos plaisirs.
Mais parmy tant de joye, avoüez-le, sans feinte,
Ne vous sentez-vous point saisy de quelque crainte?
Quand d'Ismene à vos vœux j'offre tous les appas,
Quelque secret remords ne vous trouble-t-il pas?
Et receuant son cœur en échange du vôtre,
Parlez, n'estes-vous point coupable envers quelque

TIMAGENE.   (autre.

Moy, j'oserois, ô Ciel! sans honneur, & sans foy,
Luy presenter un cœur, qui ne fust plus à moy?
Ah! ne me faites point un si cruel outrage,
Madame, ma constance est mon seul avantage.
Je le jure à vos yeux, aux yeux de l'Univers,
Je serois libre encor sans ses aimables fers.
Fier d'avoir dédaigné les Beautez de la Grece,
Je commençay prés d'elle à sentir ma foiblesse.
J'appris en luy cedant, sans avoir combattu,
Ce que peut la Beauté qu'anime la Vertu:
Et j'ay vescu depuis dans une paix profonde,
Sans yeux, comme sans cœur, pour le reste du monde.
Mais, Madame, quelqu'un a-t-il noircy ma foy?
Quelqu'un m'accuse-t-il?

ARGELIE.

Oüy, perfide, & c'est moy.

TIMAGENE.

Vous, Madame?

ARGELIE.

C'est moy, qui trois ans abusée,
Veux vanger aujourd'huy ma flâme méprisée.
Je t'aime. J'en rougis. Je fais tort à mon rang:
Mais j'en sçauray laver la honte dans ton sang.
Tu ne joüiras pas longtemps de ta victoire;
Et ta mort à l'instant va reparer ma gloire.

TIMAGENE.

Vous m'aimez? Est-il temps de me le déclarer?
Helas! pouvois-je....

ARGELIE.

Hé quoy? pouvois-tu l'ignorer,
Ingrat? Pour triompher de ton indiférence,
Ay-je rien oublié? J'ay gardé le silence.
Il est vray : mais dy-moy, tant de bontez, de soins,
Estoient-ils de mon feu de trop foibles témoins?
Lors que je t'approchois si prés de ma personne,
Que je te confiois ma vie, & ma Couronne,
De ce Trône où mes dons te sembloient inviter,
Ne te donnois-je pas la main pour y monter?
Il ne tenoit qu'à toy de me donner la tienne.
Pour te desesperer, je veux qu'il t'en souvienne,
Lâche, tu régnerois. Mais que prétendois-tu?
Que pour toy démentant un reste de vertu,
J'allasse à tes rebuts exposer ma foiblesse?
Et qu'au prix de ma gloire achetant ta tendresse,
Quand tu ne daignois pas t'élever jusqu'à moy,
Le poids de mon amour m'abaissât jusqu'à toy?
Non, non, tu t'abusois . C'est aux foibles courages,
D'offrir à leurs Amans de serviles hommages.

Les Reynes ont horreur d'un commerce si bas,
Et qui demande un cœur, ne le merite pas.
  Tu changes de visage; & ce cœur inflexible
Au péril de la mort devient enfin sensible.
Crois-tu qu'à tes soûpirs ma colere ait égard?

TIMAGENE.

Non. Mais à ces soûpirs vous n'avez point de part,
Et vos rigueurs sur moy n'auront point l'avantage,
D'avoir avant ma vie étouffé mon courage.
Je le voy trop. Je pers, refusant vôtre main,
Et la vie, & l'éclat du pouvoir souverain.
Mais ces fragiles biens flatent peu mon envie;
J'appris en vous servant à méprifer la vie;
J'apprens en vous voyant à méprifer l'honneur
D'un rang, où vous avez attaché tant d'horreur.
Ne me reprochez point qu'à vos desirs contraire,
Jusqu'icy je n'ay pris aucun soin de vous plaire;
Ce n'est pas aux bienfaits qu'on se laisse charmer;
Et lors que tout vous hait, je ne puis vous aimer.
Le sang, que sur le Trône on vous a veu répandre,
Me le rend odieux, me défend d'y prétendre:
Et s'il me faut tomber sous vos injustes coups,
Je l'aime mieux que vivre, & regner avec vous.
Je l'avoûray pourtant, Malgré vos injustices,
Je ne me repens point de mes heureux services.
Je ne plains point mon sang tant de fois répandu,
A l'Estat plus qu'à vous, tout ce sang estoit dû.
Vos desseins criminels n'ont point soüillé ma gloire,
Et quand à mes périls j'achetois la victoire,
J'espérois que mon bras soûtenant vôtre Estat,
Ce Sceptre où vos Ayeux avoient joint tant d'éclat,
Où vos mains imprimoiét tant de taches sanglantes,
Rempliroit aprés vous des mains plus innocentes;

Et que vos Successeurs me sçauroient quelque gré
Du pouvoir que mon bras leur auroit assuré.

ARGELIE.

Qui te retient? Poursuy. La fureur qui t'emporte
Me fait voir que tu sens les coups que je te porte.
C'est ce que je prétens, & j'en perdrois le fruit,
S'ils t'accabloient, perfide, avecque moins de bruit.
Mais quels sont les forfaits, lâche, que tu m'imposes
Quels meurtres ay-je faits? Conte-les, si tu l'oses.
Procuste, Erix, Acaste, Eumene, & Leontin,
Cinq rebelles, jaloux de mon cœur, de ma main,
Dignes de l'un & l'autre, & plus que toy peut-estre,
Sont ceux que j'ay punis pour t'en faire le maistre.
Ma bonté cependant, que ta froideur lassoit,
T'a montré le chemin que leur sang t'y traçoit.
A tout autre qu'à toy ma puissance funeste
A déchiré l'Estat, pour t'en laisser le reste.
S'il n'a plus de Héros, c'est pour tes intérests;
Et je te dois punir des crimes que j'ay faits.
Si mon Trône à ce prix te semble illégitime,
Laisse-le : mais rens-moy ma vertu, mon estime,
Mes Sujets, tant de sang que j'ay versé pour toy.

TIMAGENE.

Tout mon sang est à vous; mais mon cœur est à moy
J'en fais à ma Princesse un nouveau sacrifice.
Cherchez pour m'en punir quelque nouveau suplice.
Vos yeux, tous fiers qu'ils sont, en vont estre jaloux,
On m'aime, & c'est assez pour me vanger de vous.
Achevez, & portez à cette triste Amante
D'un Amant égorgé la teste encor sanglante,
Pour prix de tout l'ennuy que je vous ay coûté,
J'attens cette faveur de vôtre cruauté.
Vous joüirez des pleurs que vous ferez répandre;
Mais elle joüira d'une douceur plus tendre.

Elle verra du moins que méme aprés ma mort,
Pour s'ouvrir prés des siens, mes yeux feront effort.
Que son aimable nom m'aura fermé la bouche;
Que le mal qu'elle endure est le seul qui me touche;
Et que l'horreur de ceux qu'on m'aura fait sentir,
N'aura pû m'arracher le moindre repentir.

ARGELIE.

Quoy? sourd à mes bontez, sensible à ma menace,
Tu crois qu'un repentir peut meriter ta grace?
Et qu'écoutant l'Amour qui me parle pour toy,
Mon courroux s'appaisat par l'offre de ta foy?
Non, cruel, c'en est fait. Tien-toy seûr de ta peine,
L'aveu de mon amour te répond de ma haine.
Ie me suis résoluë à l'un & l'autre effort.
Ie t'aime, & ce mot seul est l'Arrest de ta mort.
Reconnois, à ce mot, quels coups on te destine.
Ce n'est point ton Rival, dont la main t'assassine,
C'est la mienne; & mes yeux pleureroient ton trépas,
Si mourant par mes coups, tu ne le sçavois pas.
Va, meurs, Hola. Suivez-le. Amenez la Princesse,
Clytie.

TIMAGENE.

Helas! Madame, épargnez sa foiblesse,
C'est assez.

ARGELIE.

Va, te dis-je, & ne m'oblige pas
A l'envoyer mourir, malgré moy, sur tes pas.
Mais sans tremper nos mains au sang d'une Rebelle,
Forçons son desespoir à nous délivrer d'elle;
Et déguisant l'excés d'une juste fureur,
Cherchons quelque autre voye à luy percer le cœur.

SCENE IV.

ARGELIE, ISMENE.

ARGELIE.

ENfin je reconnois qu'une Cour étrangere
N'a pas autât d'éclat qu'il en faut pour vousplaire.
Mais quand le cœur enflé de ce frivole espoir,
Qu'un Pere injustement vous laissa concevoir,
Vous gagnez par l'éclat de vos charmes rebelles
Tout ce qui me restoit de Sujets plus fidelles,
Qu'aujourd'huy vôtre choix m'oste l'apoy d'un bras,
Dont la valeur peut seule ébranler mes Estats;
Qu'avec luy vous m'ostez le secours d'une Armée,
Qu'à son commandement j'ay trop accoûtumée;
Quand vous séduisez tout dans ma Cour, à mes yeux,
Vous ne vous flatez pas de regner en ces Lieux?
Et quand vous m'attaquez avec mes propres armes,
Il faudra m'endormir sur la foy de vos larmes?
Madame, c'est en vain que nous dissimulons,
Il est temps....

ISMENE.

Quoy? toûjours sur de nouveaux soupçons,
Vous voulez....

ARGELIE.

Apprenez que vôtre sourbe est vaine;
Que j'ay les yeux perçans; que je tiens Timagene;
Que je regne; en un mot, que je vais me vanger;
Et que rien contre moy ne peut vous proteger.

ISMENE.

Me proteger, Madame? & quelle autre Puiſſance
Voudroit contre la vôtre embraſſer ma defenſe?
Cet appuy de l'Eſtat, ce redoutable Epoux,
Vous le perdez, helas! tout ſe taiſt devant vous,
Voit-on à ſon ſecours accourir vôtre Armée?
Vôtre Cour de ſon ſort paroiſt-elle allarmée?
D'autres yeux que les miens pleurent-ils ſon trépas?
Il vivoit, il expire, & l'on n'y ſonge pas,
Si quelque autre Ennemy m'avoit perſécutée,
Madame, dans vos bras je me ſerois jettée,
Mais ſi vous vous plaiſez à me laiſſer ſouffrir,
D'où pourrois-je eſpérer qu'on me vînt ſecourir?
Dans les extrémitez où vous m'avez réduite,
Je n'ay pas même uſé du ſecours de la fuite.
Je le pouvois, Je fais juſtice à vos rigueurs,
Je me crois, en ſouffrant, digne de mes douleurs,
Je ſçay que l'amitié dont m'honoroit un Pere,
Vous fit craindre à vos droits quelque deſſein côtraire,
Et qu'en tous les Eſtats, par un ordre cruel,
Qui peut ſe faire craindre, eſt toûjours criminel,
Nul de mes maux n'a pû m'arracher une plainte;
Mais un grand cœur peut-il ſe réſoudre à la feinte?
Deviez-vous ſous l'appas d'un pardon affecté
Tendre un piege funeſte à ma crédulité?
Helas! ſi de nos feux vous aviez quelque ombrage,
Faloit-il ſi longtemps laiſſer groſſir l'orage?
Que ne condamniez-vous cet amour indiſcret,
Au moment que vos yeux perçerent mon ſecret?
Auſſitoſt à vos piez prévenant la tempeſte,
L'Amante & les Amans auroient porté leur teſte,
Vous vous ſeriez vangée. Un ſincére courroux
Euſt rendu nôtre mort moins indigne de vous,

E iiij

Aucun déguisement n'eust soüillé vôtre gloire.
Vous n'eussiez dû qu'à vous vostre propre victoire:
Et pour assassiner un malheureux Epoux,
Mon choix n'eust point ouvert le passage à vos coups,
Ah! ç'en est fait. Les cris dont ces Lieux retentissent,
Vôtre joye, & vos yeux, de sa mort m'avertissent.
Ie n'en puis plus douter. Hé bien! n'attendez pas
Que j'appelle la foudre à vanger son trépas:
Non, Madame, vivez. Ioüissez de vos crimes,
De vôtre seûreté faites-nous les victimes.
Ie le veux. Seulement pour vanger mon amour,
Fassent les justes Dieux que vous aimiez un jour!
Et que d'un pareil feu la triste expérience
Vous apprenne l'excés de vôtre violence!
Ie ne veux point...,.

ARGELIE.

　　　　Et moy, pour braver tes souhaits,
Ie veux qu'on te haïsse autant que je te hais.
Ie cherche un cœur outré de ta lâche injustice,
Dont la haine à jamais à la mienne s'unisse.
Ie sçay qu'au prix d'un Trône, il me faut l'acheter:
Mais je prodigue tout, pour te persecuter.
C'est Phœnix, je l'épouse, à tes yeux.

ISMENE.

　　　　　　　Luy, Madame?

ARGELIE.

Te reste-t-il encor quelque droit sur son ame?
Tu frémis à ce nom? Superbe, je le voy.
L'objet de tes mépris va devenir ton Roy.
Tu crains que le dépit d'avoir porté tes chaînes,
N'anime sa vengeance à redoubler tes peines.
Tu ne te trompes point. Va ramper à ses piez.
Va montrer à ses yeux les tiens humiliez.

SCENE V.

ARGELIE, ISMENE, PHOENIX,
ARCAS, CLYTIE, *GARDES.*

ARGELIE.

HE' bien! du Criminel m'apporte-t-on la teste?

ARCAS.

Ah! Madame.

PHOENIX.

Achevez. La mienne est toute preste;
Lâches.

ARGELIE.

Que vois-je?

ISMENE.

O Dieux!

ARGELIE.

Phœnix, en quel état...?
Mais, Arcas, par quel ordre, ou par quel attentat,
Traiter ainsi....

ARCAS.

Luy-méme a sauvé Timagene.

ARGELIE.

Timagene!

PHOENIX.

Oüy, mon bras l'arrache à vôtre haine;
On sçait quel intérest allume ce courroux,
Vous aimez, inhumaine, & vos transports jaloux...?

ARGELIE.

O Ciel! tout est perdu! Traistres, Phœnix, Ismène,
Arcas, ou je n'auray que le seul nom de Reyne,
Et mes lâches Sujets seront tous revoltez,
Ou bien je puniray ...

ARCAS.

Moy, Madame?

ARGELIE.

Sortez.

Allez.

SCENE VI.

ARGELIE, CLYTIE.

ARGELIE.

Qvoy? de mes mains ma proye est échapée?
Mon amour est connu? ma vengeance est trompée?
Fay revenir Arcas. Cours. Estrange fureur!
Timagene en Phœnix trouve son Défenseur!
Sans doute on a trahy mon Trône, & ma personne.

SCENE VII.

ARGELIE, ARCAS.

ARGELIE.

Vse bien des momens que ma bonté te donne,
Perfide. Ton salut est encore en tes mains:
Mais de mes Ennemis apprens-moy les desseins,
C'est l'unique moyen d'éviter ton suplice.
Ne me déguise rien.

ARCAS.

Que le Ciel me punisse,
Madame, si jamais ou la crainte, ou l'espoir,
M'a fait un seul moment démentir mon devoir;
Vous le verrez. Brûlans d'un courroux légitime,
Mes Soldats icy prés attendoient leur victime;
Quand Phœnix appellé par vos ordres secrets,
Suivy de Gens unis avec luy d'intérests,
Dont il voit chaque jour sa fortune adorée,
De cet Appartement a demandé l'entrée.
En vain par des détours qui menent en ces Lieux,
Les Gardes ont voulu le conduire à vos yeux,
Leur refus le portant à quelque défiance,
Luy, les siens, aussitost se sont mis en défence;
Lors que par mes Soldats Timagene surpris,
A du fonds du Salon fait retentir ses cris,
Amis, a dit Phœnix, on trahit Timagene,
C'est luy, c'est mó Rival: mais c'est l'Epoux d'Ismené;
Sauvons-le, & secondant nôtre propre malheur,
Montrons-nous plus que luy dignes de son bonheur,

ARGELIE.

Ah! l'ingrat!

ARCAS.

Aussitost à travers le carnage
Leur fureur jusqu'à nous s'est ouvert un passage,
Timagene à leurs cris ranimant sa fierté,
Voy le prix, a-t-il dit, de ma fidelité,
Phœnix, la Reyne m'aime, & Rivale d'Ismene....

ARGELIE.

L'Imposteur! à l'amour il impute ma haine!
Et par sa vaine fourbe esperant m'allarmer....
Mais quoy? vous, vos Soldats, n'ont pû le desarmer?

ARCAS.

Ie l'ay fait, Ie l'ay crû sans nulle autre défence,
Un poignard qu'il cachoit à nôtre prévoyance,
Poussé subitement au sein de deux Soldats,
L'a malgré nos efforts dégagé de nos bras,
Les armes qu'aussitost aux deux Morts il a prises,
Phœnix, qui le tenoit à couvert des surprises,
Ses Amis avec luy venus à son secours,
D'une mort assurée ont garanty ses jours.
Cependant nos Soldats rallumant leur courage,
Sur les Gens de Phœnix ont assouvy leur rage.
Aucun n'est échappé. Luy-même sans appuy
Seroit mort avec ceux qui combatoient sous luy,
Si je n'eusse pensé que d'une telle offence
Le fer seul des Bourreaux vous devoit la vengeance,
Et que précipitant un si juste trépas,
Ie punissois le crime, & ne vous vangeois pas.
Nous l'avons épargné. Pour trouver Timagene,
I'ay fait dans le Palais une recherche vaine.

Dans la foule des Morts il ne s'eſt point trouvé.
Tout mourant qu'il eſtoit, ſans doute il s'eſt ſauvé.

ARGELIE.

Oſtez-vous de mes yeux.

SCENE VIII.

ARGELIE ſeule.

Fuy toy-méme la veuë
D'une Cour, où ta honte eſt déja trop connuë,
Malheureuſe Argelie! ou Reyne juſqu'au bout,
Renverſe, accable, tuë, aſſaſſine, pers tout.
C'eſt avec des Ingrats garder trop de meſures.
Ton courroux t'en avoit ſuggeré de plus ſeûres.
Au moment que tes yeux virent briller leurs feux,
Il faloit dans leur ſang les éteindre avec eux;
Et loin de mettre au jour le foible de ton ame,
Dans leur commun cercüeil enſevelir ta flâme,
Hé bien, fay maintenant ce que tu n'as pas fait.
Par de plus grands forfaits couronne leur forfait.
Helas! il eſt trop tard. Où ſont tes trois victimes?
Aveugle! que te ſert d'entaſſer tant de crimes,
Si celuy dont la mort en eſt le premier fruit,
Sort malgré toy du piege où tu l'avois conduit?
Il n'eſt plus en tes mains. En ce moment peut-eſtre
Il ſéduit tes Sujets, pour s'en rendre le maiſtre.
Penſe un peu de quel œil ton Peuple, tes Soldats,
Pourront voir ta défaite aprés tant de combats?

Témoins de tant d'assauts que ta vertu severe
Soûtenoit contre ceux qui cherchoient à te plaire.
Te pardonneront-ils cet indigne retour?
Comment souffriront-ils qu'au milieu de sa Cour,
Une Reyne aux soûpirs jadis inaccessible,
Soûpirante aux genoux d'un Sujet insensible,
Le Diadéme au front, & le Sceptre à la main,
Mandie un lâche cœur, & le mandie en vain?
Mais l'as-tu mandié? Tes injustes caprices
N'ont offert à ses yeux que morts, & que suplices.
Pour inviter l'Ingrat à quelque repentir,
Que ne hazardois-tu quelque tendre soûpir?
Un seul, peut-estre, un seul, en luy marquant ta flâme,
A soûpirer de méme eust enhardy son ame.
C'est bien là qu'il faloit exercer ta fierté?
Voy, malheureuse, voy ce qu'elle t'a coûté.
Avare d'un soûpir, tu prodigues ta gloire,
De cent Rois tes Ayeux tu ternis la memoire.
Vange les ces Ayeux du tort que tu leur fais.
N'attens pas qu'un Ingrat enfonçant ton Palais,
Vienne braver encor la Majesté suprême,
Sur un Trône, où ta main l'alloit placer luy-méme,
N'attens pas que suivy d'un Peuple factieux,
Il vienne délivrer tes Captifs à tes yeux.
Prévien-le par la mort de son Amy rebelle,
Par celle de ta Sœur. Quel triomphe pour elle,
De me voir sa Rivale, & l'emporter sur moy,
Quand j'adjoûte un Empire à l'offre de ma foy?
Oüy, puis qu'il faut porter le titre d'Inhumaine,
Méritons-le autrement que par les fers d'Ismene.
Que fait-elle aussi-bien captive dans mes fers,
Qu'occuper plus longtemps les yeux de l'Univers?
Et par le triste cours d'une trop longue peine,
En fixer à loisir sur moy toute la haine.

Il faut, pour la punir avec plus de rigueur,
Ou la main d'un Amant, ou celle d'une Sœur.
Si de si grands forfaits me rendent odieuse,
Leur grandeur en rendra ma honte glorieuse;
Et j'iray du recit de tant de cruauté
Donner de la terreur à la Posterité.

Fin du Quatrième Acte.

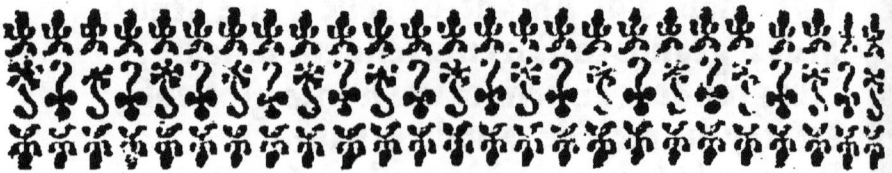

ACTE V.

SCENE PREMIERE.

ISMENE, DIONE.

Gardes qui fortent d'abord.

ISMENE.

UEl préſage, Dione! On ſe taiſt. On
nous laiſſe.
On nous enferme. Helas! ſouffrirons-
nous ſans ceſſe?
En vain je prétédois trouver icy la mort,
Mais de ma main ſans doute on attend cet effort,
Ne le différons plus. Le dépit de la Reyne,
Sa haine, ſon amour plus cruel que ſa haine,
Ce ſilence affecté pour me remplir d'effroy,
Ces marbres teints du ſang qu'on a verſé pour moy,
Le trépas de Phœnix, où je me dois attendre,
Tout m'apprend mon devoir, ſi je le veux entendre,
Ah! ſi tu plains les maux dont mon cœur eſt atteint,
Finis ceux qu'il endure, & prévien ceux qu'il craint,

Dione, jufqu'icy tu m'as fi bien fervie,
Acheve. Aide-moy donc à fortir de la vie,
Le plus leger effort pourra me la ravir.

DIONE.

Hé! Madame, eft-ce ainfi que je doy vous fervir?
Rappellez, rappellez cette noble conftance,
Qui de vos Ennemis bravant la violence,
Vous a fait au milieu de vos adverfitez,
Triompher de vous-mefme, & de leurs cruautez,
Difputez jufqu'au bout l'une & l'autre victoire,
On attaque vos jours bien moins que vôtre gloire;
Et fi vôtre vertu ne vient à fon fecours,
Il faudra,...

ISMENE.

Tu devois me tenir ce difcours;
Quand de tes vains confeils écoutant l'injuftice,
I'ay fait de Timagene un lâche facrifice;
Quand j'ay banny l'objet qui m'avoit fçeu charmer;
Ah! barbare, eft-ce là comme il faloit aimer?
Joüis, joüis des fruits de ta fauffe prudence,
Celuy que tu perdois repofe en affurance:
Et celuy dont les jours font le bonheur des tiens,
Peut-eftre en ce moment fe voit trancher les fiens!

DIONE.

On ouvre, C'eft Arcas, Ah! vous eftes perduë!

SCENE II.

ISMENE, ARCAS, DIONE.

ISMENE.

ARcas, ne tenez plus ma douleur suspenduë.
Qu'a-t-on fait de Phœnix? Parlez.

ARCAS.

Madame, helas!
C'est assez que vos maux....

ISMENE.

Laissez mes maux, Arcas.
Perlez-moy de Phœnix. Ma mort est assurée;
Je le sçay. Vous voyez que j'y suis préparée.
Mais Phœnix est-il mort?

ARCAS.

Madame, il va mourir.

ISMENE.

Il va mourir? Arcas, daignez me secourir.
Ma Sœur écoutera la voix de la Nature.
Voyez-la. De mes maux faites-luy la peinture.

ARCAS.

L'ordre est précis. La Reyne....

ISMENE.

Ah! ne la croyez pas,
Elle peut revoquer l'Arrest de son trépas.
Laissez pour quelque temps refroidir sa colere;
Et n'executez pas vn ordre si severe.
Une aveugle fureur sans doute l'a dicté.
Mes yeux sur Timagene ont quelque authorité;

Je le rendray sensible à l'amour de la Reyne.
Vous ne l'ignorez pas. Elle aime Timagene.
La jalousie avoit condamné cet Amant;
Mais peut-estre l'Amour l'absout en ce moment.
Peut-estre elle connoist que Phœnix l'a servie.
Voyez à quoy je m'offre. Elle sera ravie
De retrouver un cœur qu'elle croyoit perdu,
Et benira le bras qui l'aura défendu.

ARCAS.

Phœnix ne peut, Madame, éviter son suplice.
Icy de sa revolte on me croyoit complice.
Je dois, pour ma défense, obeïr promptement;
Et l'on a mis ma grace à ce prix seulement.

ISMENE.

A ce prix!

ARCAS.

    Sçachez donc le sujet qui m'amene,
Phœnix a sçeu de moy les ordres de la Reyne.
Il devoit en secret mourir dans sa prison.
On luy laissoit le choix du fer, ou du poison.
Ce Héros insensible à tout ce qui le touche,
Pour plaindre ses malheurs, n'a pas ouvert la bouche,
Sur vôtre destinée, incertain, allarmé,
Avec empressement il s'en est informé.
Il m'a fait voir pour vous la même inquiétude,
Où vous met de son sort la triste incertitude;
Et ce tendre raport de soins & de douleurs,
Me fait voir le raport de vos fidelles cœurs.
Mon bonheur, m'a-t-il dit, surpasse mon envie;
En m'anonçant la mort, vous me rendez la vie.
Puis qu'Ismene est encor maistresse de son sort,
C'est à ses piez qu'il faut aller chercher la mort.

ISMENE.

A mes piez ? Ah! Dione.

ARCAS.

　　　　　　　　Allez trouver la Reyne.
Ce n'eſt point, m'a-t-il dit, pour retarder ma peine,
Je n'ay pour la vanger, beſoin que de mon bras:
Mais puis que de mon choix elle attend mon trépas,
Sa vengeance, ma mort ſera plus mémorable,
Si je meurs prés des yeux qui m'ont rendu coupable.

ISMENE.

Ah! courez. Empéchez cet excés de fureur.
Vous eſtes ſi puiſſant ſur l'eſprit de ma Sœur,
Arcas, pour la fléchir, il ſuffit qu'elle entende....

ARCAS.

Non, Phœnix a d'abord obtenu ſa demande.
Je vous plains l'un & l'autre, & ſens tous vos ennuis:
Mais vous plaindre, Madame, eſt tout ce que je puis.
Mon unique devoir, c'eſt....

ISMENE.

　　　　　　　　Sœur impitoyable,
Jamais d'aucun amour ton cœur fuſt-il capable?
Egorger à mes yeux un malheureux Amant!
Non, tu n'en eus jamais le moindre ſentiment.
Pour me faire un tourment que nul autre n'égale,
Pour me deſeſperer, tu te feins ma Rivale.

ARCAS.

J'entens le Prince.

ISMENE.

　　　　　　O Dieux! qu'il n'entre point icy?
Que je ſorte? Cruels, laiſſez-moy.

DIONE.

　　　　　　　　　　Le voicy.

ISMENE ſe jettant ſur Dione.

Je meurs.

SCENE III.

ISMENE, PHOENIX, ARCAS, DIONE.

PHOENIX.

IE le voy bien, ma presence vous blesse,
Je fais un nouveau crime, adorable Princesse,
Je vous desobeïs: mais je viens m'en punir,
Et ce n'est qu'un soûpir que je veux obtenir.
Je vous avois promis d'éviter vôtre veuë.
Vôtre bouche tantost me l'avoit defenduë,
Résolu d'adorer jusqu'à vôtre courroux,
J'ay fait....

ISMENE.

Et pourquoy donc, cruel, me voyez-vous?

PHOENIX.

Pour convaincre vos yeux de mon obeïssance,
Dont en vain mes sermens vous donnoient assurance,
Les sermens sont souvent d'infidelles témoins,
Un Amant les prodigue, & les prodigue à moins.
Tout mon sang vous devoit garantir ma promesse,
Me chassant de vos yeux avec tant de tendresse,
Sçachant que je vivois, connoissant mon amour,
Vous eussiez chaque instant dû craindre mon retour.
Vôtre crainte ne peut cesser qu'avec ma vie.
Hé bien! ne craignez plus. Je vous la sacrifie.
Mais au moins d'un regard approuvant mon trépas,
Voyez mourir un feu que vous n'approuvez pas,

Quoy? vous ne daignez pas fur moy tourner la veuë?
Helas! vôtre rigueur ne m'eft que trop connuë!
Vous voulez jufqu'au bout me rendre malheureux,
Mais que n'ay-je pas fait pour feconder vos vœux?
Par mon empreffement à lire dans vôtre ame,
De mon Rival aimé j'ay couronné la flâme.
Je pouvois en fecret m'applaudir de fes maux,
Et je l'ay delivré des mains de fes Bourreaux.
Je pouvois en vivant nourrir fa jaloufie.
Je viens à fon repos facrifier ma vie.
Je vous rens l'un & l'autre heureux par mes malheurs:
Mais pour prix de mon zele à fervir vos rigueurs,
Ne pourray-je efperer, qu'avec des yeux tranquiles,
Vous regardiez au moins....

ISMENE.

Regards trop inutiles!
Je les ay prodiguez tantoft pour vous fauver.
Tendres comme ils eftoient faloit-il les braver?
Vous deviez à mes yeux affez de confiance,
Pour leur laiffer le foin de pleurer voftre abfence?
Mais vous leur pouviez bien, pour prix d'un tel effort,
Fpargner la douleur de pleurer vôtre mort.
Tous mes pleurs n'ont rien fair.

PHŒNIX.

Un mot pouvoit tout faire.
Mais l'amour l'a dû dire, & la pitié fe taire.
C'eft luy feul que j'entens. C'eft à fes feuls appas,
Que mon cœur....

ISMENE.

Pourquoy donc ne l'entendez-vous pas?
Ah! ç'en eft trop. Mô cœur ne peut plus fe côtraindre,
Sur le bord du cercüeil, il n'eft plus temps de feindre.
Phœnix, je vous aimois.

PHOENIX.
O Ciel! vous m'aimiez?

ISMENE.

Vous:
Et cet amour m'a fait choisir un autre Epoux.
On m'avoit découvert les desseins de la Reyne;
J'ignorois son amour : mais seûre de sa haine,
Je sçavois qu'en secret on préparoit la mort
A celuy que mon choix uniroit à mon sort.
Pouvois-je vous aimer, Seigneur, & me résoudre
A vous livrer au bras qui vous lançoit la foudre?
Sur vostre Rival seul j'en détournois les coups;
En me donnant à luy, je me gardois pour vous.
Vos vertus l'ont tiré d'un péril si funeste:
Mais vostre amour pour moy devoit faire le reste.
Vous deviez le sauver : mais deviez-vous périr?
Aprés un tel aveu je n'ay plus qu'à mourir.
Qu'on me mene à la mort.

PHOENIX.

Un moment, ma Princesse;
Faut-il...;

ISMENE.

Ne soyez plus témoin de ma foiblesse:
Laissez-moy. J'ay fait plus que je ne dois pour vous;
Et j'en dois, contre moy, justice à mon Epoux.
Il sçaura mon secret que nul de vous n'ignore.
Il connoistra le feu qui pour vous me devore.
Il verra que vous seul causez tout mon ennuy;
Que mon cœur est à vous, quand ma main est à luy;
Que pour vous épargner, j'ay prodigué sa vie:
Mais il verra qu'aussi je m'en seray punie:
Qu'ingrate à mon Amant, perfide à mon Epoux,
Indigne également de luy comme de vous,

Funeste à ma Patrie, odieuse à ma Reyne,
J'auray couru moy-même au devant de ma peine,
Et vangé ma vertu des efforts indiscrets,
Que contre ses conseils ont fait mes feux secrets.

PHOENIX.

Soyez donc moins injuste au choix de vos victimes,
C'est mon perfide amour, qui vous dictoit ces crimes,
C'est moy qui sous leur poids dois seul estre opprimé,
Mais je meurs innocent, puis que je meurs aimé:
Et le dernier effort où mon ame s'appreste,
Madame, ne sçauroit....

SCENE IV.

ISMENE, PHOENIX, ARCAS, CLYTIE, DIONE.

CLYTIE.

Arcas, que l'on arreste?
La Reyne le commande. Elle vient sur mes pas,

PHOENIX.

Venez-vous révoquer l'Arrest de mon trépas?

CLYTIE.

Ou plutost vous donner de nouvelles allarmes.
On nous assiege. On voit toute la Ville en armes,
Mille Soldats en foule accourent au Palais,
Timagene à leur teste.... Et si vos intérests,
Madame....

SCENE V.

ARGELIE, ISMENE, PHOENIX,
ARCAS, CLYTIE, DIONE.

ARGELIE.

ENfin voicy l'effet de vôtre intrigue;
Et ce n'eſt plus le cœur d'Iſmene que l'on brigue.
C'eſt à moy qu'on en veut, à mon Trône, à mes jours:
Mais malgré vos fureurs, la mienne aura ſon cours,
Ta mort....

ISMENE.

Hé quoy? faut-il encor qu'on la différe?

ARGELIE.

Vien, perfide, ta mort m'eſt ailleurs neceſſaire,
Ton inſolent Epoux m'aſſiege dans ces Lieux,
Vien reprimer ſa rage, ou mourir à ſes yeux.

PHOENIX.

Arreſtez. Ce devoir ne touche point Iſmene.
C'eſt moy, qui de vos mains ay ſauvé Timagene.
C'eſt moy qui dois calmer ſes injuſtes tranſports;
Et je n'y feray point d'inutiles efforts.
Ie vous répons pour luy de ſon obeïſſance,
Pourveu que d'une Sœur épargnant l'innocence,
Vous vouliez reſpecter vôtre ſang dans le ſien;
Et pour tous nos forfaits vous contenter du mien,
Ie mourray trop heureux, quand....

ARGELIE.

Suy-moy. Toy, perfide,
Attens que de ton ſort la victoire décide.

G

Si je la pers, tu meurs.

ISMENE.

Helas! où courez-vous,

Seigneur?

PHOENIX.

Madame, adieu. I'ay servy vôtre Epoux,
Je vay servir encor ma Princesse, la Reyne;
Meriter vôtre amour; triompher de sa haine;
Et montrer que je fus, jusqu'au dernier moment,
Bon Amy, bon Sujet, & plus fidelle Amant.
Allons.

SCENE VI.

ISMENE, DIONE, GARDES.

ISMENE.

Laissez, cruels, il faut que je le suive,
Quoy? Phœnix va mourir, & l'on veut que je vive?
I'ay tout promis. Ma main, mon cœur n'est plus
A leur defaut mon bras dégagera ma foy.   [à moy.
Cesse de m'arrester, inhumaine Dione,
Tu vois le desespoir où mon cœur s'abandonne.
C'est en vain que je parle. On ne m'écoute pas.
Mais, lâche, pour mourir as-tu besoin d'un bras?
Ah! n'as-tu pas un cœur que l'amertume noye?
Et qu'à mille douleurs l'Amour expose en proye?
Ne sçaurois-tu trouver, dans ces mesmes douleurs,
Le funeste secours que tu cherches ailleurs?

DIONE.

Hé! Madame, esperez la fin de vôtre peine.
Phœnix par ses discours fléchira Timagene.

Timagene à la Reyne offrant un cœur plus doux,
En faveur de Phœnix fléchira son courroux;
Et la Paix terminant cette affreuse querelle....

ISMENE.

Non, mon sort me répond d'une guerre éternelle.
Phœnix est mort, Dione, & Timagene auffy.
Ma Sœur triomphe. Allons. Mais Cleon entre icy.

SCENE VII.

ISMENE, CLEON, DIONE, GARDES.

CLEON.

OMphis, & vous Licas, refpectez vôtre Reyne.
Il n'eft plus d'Argelie.

ISMENE.
Ah Cleon!

CLEON.
Timagene.
Madame, ce Héros heureux en fon malheur,
Vient foûmettre à vos piez la Couronne,& fon cœur.

ISMENE.
Timagene! Et Phœnix, Cleon?

CLEON.
Comblé de joye
De voir qu'à vos Tyrans vous n'eftes plus en proye,
Il vient.... Mais apprenez la fuite d'un fuccés.
Qui finit tous nos maux, & prévient nos fouhaits.
    Timagene fuyant l'implacable furie
Des parricides mains qui pourfuivoient fa vie,

Percé de plusieurs coups, sur luy de toutes parts
A soudain d'un grand Peuple attiré les regards.
Voyez, voyez l'essay des fureurs de la Reyne,
A-t-il dit, craignez tout pour Phœnix, pour Ismene,
Pour vous, si prévenant ses lâches cruautez,
Vous n'assurez leurs jours avec vos libertez.

Ces mots qu'avec ardeur prononçoit Timagene,
Tout ce qu'il adjoûtoit des amours de la Reyne,
Le sang, qui de son flanc boüillonnant à grands flots,
Marquoit de traits fumans les pas de ce Héros,
Vos maux, des maux publics les funestes présages,
Ont pour vôtre defence armé tous les courages.

A peine a-t-il permis, en ce pressant besoin,
Que d'arrester son sang on ait pris quelque soin,
Peuple, a-t-il dit, Soldats, Amis, le danger presse,
Mourons, ou délivrons Phœnix, & la Princesse,
Chacun s'écrie Il marche appuyé sur nos bras,
La foule qui le suit grossit à chaque pas.
On arrive au Palais. Les Portes enfoncées
Donnent facile accés aux Troupes empressées,
Quand les Gardes, Phœnix, & la Reyne en courroux,
Au bas de l'Escalier se presentent à nous.
Leur surprise paroist. Timagene s'avance,
Du bras & de la voix veut imposer silence:
Mais un grand bruit de cris & d'armes à la fois,
Dans un tumulte affreux fait confondre sa voix,
Et l'on n'entend parmy tout un Peuple en furie,
Que vive la Princesse. & périsse Argelie.
A ces mots on a veu fondre de toutes parts
Sur la Reyne étonnée un orage de dards.
De cent coups à l'instant mortellement frapée,
Elle plaint moins sa mort, que sa haine trompée,
Et confesse en mourant, que sa seule douleur,
Est de laisser en paix son Amant, & sa Sœur,

SCENE DERNIERE.

ISMENE, TIMAGENE *appuye* *sur* PHOENIX, CLEON, DIONE, GARDES.

ISMENE.

AH! Seigneur, de quel sang....

TIMAGENE.

N'en soyez point émeuë.
Ce sang qui tout fumant degoute à vôtre veuë,
Ma Princesse, n'est point celuy de vôtre Sœur.
Tout coupable qu'il est, il vous eust fait horreur.
Ie ne suis point soüillé de ces taches funestes,
C'est mon sang dont je viens vous consacrer le reste.
Ie viens....

ISMENE

A quel excés vôtre fidelité,
Pour asürer mes jours, vous a-t-elle emporté?
Quel transport suiviez-vous?

TIMAGENE.

Quel autre ay-je dû suivre?
Vivre, & vous voir mourir; mourir, & vous voir vivre;
Asservy par le Sort à l'une de ces Loix,
Pouvois-je un seul moment balancer sur le choix?
Mais ce choix sans Phœnix alloit estre inutile.
Nous mourions vous & moy d'une mort lâche & vile;
Et nous devons, Madame, à son illustre effort,
Vous vôtre vie, & moy la gloire de ma mort.

A ma reconnoissance unissez donc la vôtre,
D'un Epoux expirant recevez-en un autre;
Et souffrant que ma main luy cede vôtre foy,
Faites-moy meriter ce qu'il a fait pour moy.
Vivez, Regnez,

PHOENIX.

Cher Prince, hé quoy? mais il expire;
Et ses derniers soûpirs semblent encor vous dire,
Madame, que mon cœur....

ISMENE.

Le mien n'est plus qu'à vous;
Mais laissez-moy pleurer ma Sœur, & mon Epoux.

FIN.

Extrait du Privilege du Roy.

PAr Grace & Privilege du Roy, donné à Saint Germain en Laye le 4. jour de Ianvier 1674. Signé par le Roy en son Conseil, LENORMANT: Il est permis à Claude Barbin, Marchand Libraire à Paris, d'imprimer, ou faire imprimer, vendre & debiter une Tragedie intitulée ARGELIE, de la composition du Sieur Abeille, & ce durant le temps & espace de six années entieres & accomplies, à compter du jour que ladite Tragedie sera achevée d'imprimer pour la premiere fois: Et defenses sont faites à tous autres Libraires & Imprimeurs, de l'imprimer, ou faire imprimer, vendre & debiter, sans le consentement de l'Exposant, ou de ceux qui auront droit de luy, à peine aux contrevenans de quinze cens livres d'amende, confiscation des Exemplaires contrefaits, & de tous despens, dommages & interests, ainsi qu'il est porté plus au long par ledit Privilege.

Registré sur le Livre de la Communauté, suivant l'Arrest de la Cour de Parlement.
Signé, THIERRY, Syndic.

Achevé d'imprimer pour la premiere fois le 9. Ianvier 1674.

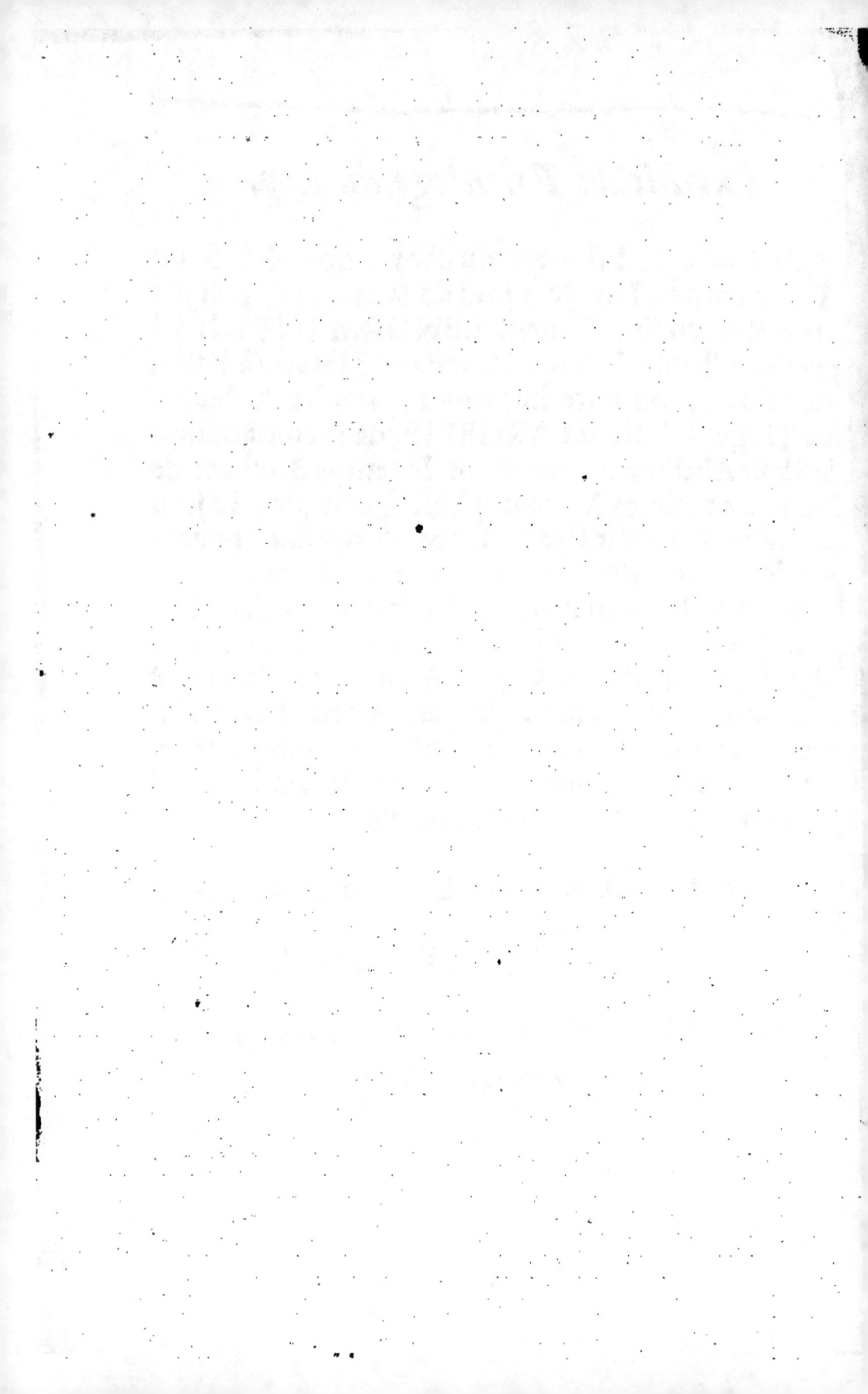